शिरडी साईं बाबा : दिव्य महिमा

गणपतिचन्द्र गुप्त

जन्म : 15 जुलाई, 1928 ई.

शिक्षा : सन् 1954 ई. में पंजाब विश्वविद्यालय से प्रथम श्रेणी में एम.ए.। सन् 1959 में 'हिन्दी काव्य में शृंगार-परम्परा और महाकवि बिहारी' विषय पर पी-एच.डी. तथा 1965 ई. में साहित्य विज्ञान (साहित्य का वैज्ञानिक विवेचन) पर डी. लिट्.।

गतिविधियाँ : डॉ. गुप्त ने पंजाब विश्वविद्यालय, चंडीगढ़, हिमाचल प्रदेश विश्वविद्यालय, शिमला, कुरुक्षेत्र विश्वविद्यालय स्नातकोत्तर केन्द्र, रोहतक में विभिन्न पदों पर कार्य किया। रोहतक में विश्वविद्यालय के हिन्दी विभागाध्यक्ष, अधिष्ठाता भाषा-संकाय के रूप में कार्य कर चुके हैं। हिमाचल प्रदेश विश्वविद्यालय के कुलपति का भार संभालने के उपरांत कुरुक्षेत्र विश्वविद्यालय, कुरुक्षेत्र के कुलपति रह चुके हैं।

प्रकाशित रचनाएँ : 'हिन्दी साहित्य का वैज्ञानिक इतिहास' (1965) और 'रस-सिद्धांत का पुनर्विवेचन' (1971) 'साहित्यिक निबन्ध', 'महादेवी : नया मूल्यांकन', 'हिन्दी साहित्य का विकास', आदिकाल की प्रामाणिक रचनाएँ, आदि उल्लेखनीय हैं।

पुरस्कार : उत्तर प्रदेश सरकार, पंजाब सरकार, हरियाणा सरकार एवं हरजीमल डालमिया समिति ने भी इनको पुरस्कृत किया।

आवरण : लोकभारती स्टूडियो

गणपतिचन्द्र गुप्त

शिरडी साईं बाबा : दिव्य महिमा

लोकभारती पेपरबैक्स

लोकभारती पेपरबैक्स में
तृतीय संस्करण : 2011

लोकभारती पेपरबैक्स : उत्कृष्ट साहित्य के लोकप्रिय संस्करण

लोकभारती प्रकाशन
पहली मंजिल, दरबारी बिल्डिंग, महात्मा गांधी मार्ग
इलाहाबाद-211 001

वेबसाइट : www.lokbhartiprakashan.com
ईमेल : info@lokbhartiprakashan.com

शाखाएँ : 1-बी, नेताजी सुभाष मार्ग, दरियागंज नई दिल्ली-110 002
अशोक राजपथ, साइंस कॉलेज के सामने पटना-800 006 (बिहार)

इण्डियन प्रेस प्रा.लिमिटेड
इलाहाबाद-211002
द्वारा मुद्रित

मूल्य : 80.00

SHIRDI SAI BABA : DIVYA MAHIMA
by Ganpati Chandra Gupta

अनुक्रमणिका

बाबा में मेरा विश्वास कैसे दृढ़ हुआ ?

यद्यपि शिरडी साईं बाबा का नाम मैंने लगभग 20 वर्ष पूर्व सुना था किंतु उस समय उनके व्यक्तित्व एवं दिव्यत्व के बारे में मुझे कोई जानकारी नहीं थी, अतः आरंभ में मेरे मन में उनके प्रति किसी प्रकार का कोई भाव नहीं था। किंतु आगे चलकर मुझे अनेक ऐसे अनुभव हुए जिससे मेरे मन में उनके प्रति विश्वास उत्पन्न हुआ और वह क्रमशः दृढ़ होता गया।

सन् 1987 में जब मैं श्री सत्यसाईं बाबा सम्बंधी एक पुस्तक लिख रहा था तो उसमें एक अध्याय उनके पूर्व रूप शिरडी साईं पर भी रखा तथा इसी संदर्भ में मैंने श्री शिरडी साईं के जीवन-चरित पर आधारित एक ग्रंथ—'श्री साईं सच्चरित' पढ़ा जिससे मैं बाबा की ओर आकर्षित हुआ।

सन् 1991 के आरंभ में मुझे ठाकुर भूपति सिंह द्वारा रचित एक काव्य 'शिरडी के संत' प्राप्त हुआ जो सात अध्यायों में विभक्त है। मैं पूजा-पाठ के समय इसका एक अध्याय भी प्रतिदिन नियमित रूप से पढ़ने लगा। इसके दो महीने बाद ही मेरी एक आँख का आपरेशन होने वाला था। उस समय मैं आगरा में था। आपरेशन से पूर्व मैंने एक पत्र अपने मित्र प्रो० तोलाराम जी शर्मा को लिखा जो बीकानेर में रहते हैं। उनसे मैंने अनुरोध किया था कि वे मेरे आपरेशन की सफलता के लिए भगवान से प्रार्थना करें। वे कई वर्षों से ध्यान आदि की साधना करते आ रहे हैं, अतः उनकी आध्यात्मिक शक्ति पर मुझे गहरा विश्वास है। उन्होंने मेरे पत्र का उत्तर देते हुए लिखा मैंने ध्यान के समय तुम्हारे बारे में प्रार्थना की। ध्यान में मुझे ऐसा दिखाई पड़ा कि तुम्हारी रक्षा के लिए एक ओर तो श्री सत्य साईं बाबा एवं दूसरी ओर श्री शिरडी साईं बाबा आशीर्वाद देने की मुद्रा में खड़े हुए हैं।" उनके पत्र से मुझे बड़ा आश्चर्य हुआ। उन्हें इस बात का किंचित भी पता नहीं था कि मैं इन दिनों शिरडी साईं की आराधना करने लगा हूँ फिर भी उन्होंने अपने ध्यान की

शक्ति के द्वारा शिरडी बाबा को मेरे समीप देख लिया। इससे एक ओर तो मेरा उनकी साधना की गहराई पर विश्वास बढ़ा और दूसरी ओर शिरडी साईं के प्रति भी मेरी भक्ति भावना में गंभीरता आई। यद्यपि मैंने कुछ ही दिनों पूर्व शिरडी साईं बाबा की आराधना आरंभ की थी, किंतु फिर भी वे इतने ही दिनों में इतने प्रसन्न हो गये थे कि मेरी रक्षा के लिए सन्नद्ध हो गए। ''कहा जाता है कि वे शिव के अवतार हैं।'' शिवजी के बारे में ये प्रसिद्ध है कि वे बहुत शीघ्र प्रसन्न हो जाते हैं। यही बात शिरडी साईं बाबा पर भी लागू होती है। वस्तुतः उपर्युक्त घटना के पश्चात् बाबा के प्रति मेरा आकर्षण और भी बढ़ गया।

इसके कुछ समय बाद ही मेरा सबसे छोटा पुत्र अमिताभ एक संकट में फँस गया। उसने कुरुक्षेत्र विश्वविद्यालय में बी०एस-सी० के अनन्तर तीन वर्ष तक अध्ययन करके 'मास्टर ऑफ कम्प्यूटर एपलायेन्स' की परीक्षा दी थी। वह परीक्षाओं में सदा प्रथम श्रेणी प्राप्त करता रहा है। अतः परीक्षा में उत्तीर्ण होना उसके लिए कठिन नहीं था किंतु किसी व्यक्ति ने उसके विरुद्ध विश्वविद्यालय को एक झूठी शिकायत कर दी थी। विश्वविद्यालय के कुछ अधिकारी भी व्यक्तिगत कारणों से उसके विरुद्ध थे। अतः उस शिकायत के आधार पर उसका परीक्षाफल रोकने की कार्यवाही शुरू हो गयी थी। परीक्षा देने के पश्चात् अमिताभ को बम्बई में एक नौकरी भी इस आधार पर मिल गई थी कि वह शीघ्र ही उपर्युक्त परीक्षा में उत्तीर्ण करने का प्रमाण पत्र प्रस्तुत कर देगा। ऐसी स्थिति में यदि उसका परीक्षाफल निरस्त हो जाता है तो उसे नौकरी से भी हाथ धोना पड़ेगा। मैं इसी चिंता में पड़ा हुआ था कि मेरे एक मित्र आए जो कि साईं भक्त हैं। उन्होंने सारी बात सुनकर सुझाव दिया— ''एक पत्र बाबा जी के नाम लिख दो और फिर बिल्कुल निश्चिंत हो जाओ। साईं बाबा सब ठीक कर देंगे।'' मैंने ऐसा ही किया। एक पत्र शिरडी साईं बाबा के नाम लिखकर निश्चिंत हो गया।

यद्यपि मेरे बेटे ने विश्वविद्यालय की उपर्युक्त कार्यवाही के विरुद्ध एक रिट-पेटिशन पंजाब हाई-कोर्ट में फाइल कर दी थी किंतु इसका निर्णय शीघ्र होने वाला नहीं था। इधर अमिताभ जहाँ सर्विस कर रहा था वहाँ परीक्षा उत्तीर्ण करने का प्रमाण पत्र भी प्रस्तुत करने में विलम्ब हो रहा था।

विश्वविद्यालय के अधिकारियों ने अमिताभ की जाँच की औपचारिकता पूरी करके उसे पूर्णतः दोषी घोषित कर दिया जिसके आधार पर कुलपति ने उसका परीक्षाफल रोकने का आदेश परीक्षा विभाग को दे दिया। इस तरह हम बहुत बड़े संकट में पड़ गये। किंतु जिसकी रक्षा भगवान करता है उसका अहित कोई नहीं कर सकता। कुछ दिनों बाद ही जब दूसरे विद्यार्थियों का परीक्षाफल निकला तो मेरे बेटे का भी परीक्षाफल (रजल्ट कार्ड) हमें डाक द्वारा प्राप्त हो गया। हमें आश्चर्य था कि यह कैसे हुआ? अगले दिन परीक्षा विभाग के अधिकारी हमारे पास भागे-भागे आये और उन्होंने बताया कि कुलपति ने परीक्षाफल (रजल्ट कार्ड) रोकने का आदेश दिया था किंतु गलती से हमने परीक्षाफल आपको भेज दिया। आप हमें परीक्षाफल लौटा दें, अन्यथा हमारी नौकरी चली जायेगी। इनके बहुत अनुनय-विनय करने पर हमने रजल्ट कार्ड लौटा दिया किंतु उसकी फोटो स्टेट प्रति अपने पास रख ली। इससे यह ज्ञात हो गया कि अमिताभ को परीक्षा में प्रथम श्रेणी मिली थी तथा आवश्यकता पड़ने पर उस प्रति को हम उपयोग भी कर सकते थे। इसी बीच अमिताभ शिरडी की यात्रा भी कर आया। उसके अनंतर हाई-कोर्ट का निर्णय भी अमिताभ के पक्ष में हो गया तथा उसके अनुसार विश्वविद्यालय द्वारा उसके विरुद्ध की गई सारी कार्यवाही निरस्त हो गयी। इसी बीच अमिताभ की पिछली नौकरी छूट गयी थी किंतु उसे उससे भी अच्छी एक नौकरी और मिल गयी। इस प्रकार बाबा की कृपा से हम इस संकट से मुक्त हुए।

इसके अनंतर भी समय-समय पर मुझे और भी कई अनुभव हुए जिनसे बाबा की दिव्यता के बोध में सहायता मिली। सन् 1991 में मैं अपनी पत्नी और माँ के साथ गुरु पूर्णिमा के अवसर पर पुट्टापर्ती गया था तथा विचार था कि लौटते हुए शिरडी जायेंगे। किंतु मेरी वृद्ध माँ जो कि उस समय 80 वर्ष की थी यात्रा में बहुत कष्ट अनुभव कर रही थी अतः मैंने लौटते हुए शिरडी न जाकर सीधे आगरा लौटने का विचार किया। रास्ते में कुछ और यात्री भी मिले जो कि पुट्टापर्ती से लौटकर शिरडी जा रहे थे। उन्होंने मुझे कहा कि श्री सत्य साईं बाबा का निर्देश है कि पुट्टापर्ती से लौटते समय भक्तों को शिरडी भी जाना चाहिए अन्यथा उन्हें यात्रा का पूरा फल नहीं मिलेगा।

किंतु मैंने उनकी बात नहीं मानी क्योंकि इसके लिए हमे मनमाड उतर कर बस से शिरडी जाना पड़ता जबकि बस-यात्रा में मेरी माँ की तबीयत अधिक खराब हो जाती है। अतः हम लोग सीधे अपने घर आगरा लौट गये।

आगरा में पहुँच कर मैं शारीरिक एवं मानसिक रूप में अस्वस्थ रहने लग गया। तब मैंने सोचा कि संभवतः मेरे से कोई त्रुटि हो गई है। मन ही मन यह भी बोध हुआ कि एक बार शिरडी का कार्यक्रम बनाकर फिर वहाँ न जाने से संभवतः बाबा अप्रसन्न हो गये हैं। कुछ दिनों बाद ही मुझे स्वप्न में निर्देश मिला कि मैं तुरंत शिरडी जाऊँ। अतः अगले दिन ही मैंने शिरडी जाने का कार्यक्रम बना लिया। वैसे यह बड़ा अस्वाभाविक लग रहा था कि आठ दिन पूर्व तो एक महीने की यात्रा करके लौटे और अब फिर यात्रा पर चल पड़े। किंतु मैं जानता था कि जब तक यात्रा का संकल्प पूरा न करूँगा, शांति नहीं मिलेगी।

इस बार यात्रा में मेरी पत्नी और पड़ोस की एक साईं भक्त महिला भी साथ गयीं। इन लोगों ने पूछा—कि वहाँ (शिरडी) कितने दिन ठहरेंगे? मैंने उत्तर दिया—यह वहाँ जाकर ही बताऊँगा। वास्तव में मन में मैंने यह सोच रखा था कि यदि शिरडी के आश्रम में आवास की ठीक व्यवस्था हो गयी तो एक सप्ताह ठहरूँगा अन्यथा एक-दो दिन ही रह कर लौट आऊँगा। शिरडी पहुँचे तो पहले तो बड़ी निराशा हुई क्योंकि आश्रम में कमरा देने वाले कर्मचारियों ने कहा कि "इस समय बहुत भीड़ है, अतः कमरा नहीं मिलेगा, किसी अन्य यात्री के साथ रह लो।" हम लोग तो पहले ही तीन व्यक्ति थे और फिर किसी अनजान यात्री के साथ एक कमरे में रहने से कितनी असुविधा होगी—इसकी कल्पना करके ही मन को कष्ट होता है। पर मैं हताश नहीं हुआ। मैंने पुनः शिरडी साईं बाबा से मन ही मन प्रार्थना की कि यदि आप हमें रहने के लिए ठीक जगह दिलवा देते हैं तो हम एक सप्ताह ठहरेंगे अन्यथा हम एक-दो दिन में ही लौटने के लिए विवश होंगे। बाबा ने मेरी प्रार्थना सुन ली और मुझे प्रेरणा मिली कि मैं शिरडी-संस्थान के आवास-अधिकारी श्री ए० आर० शिंडे से मिलूँ। मैं उनके पास गया और सारी बात बताई। उन्होंने उत्तर दिया कि सचमुच बहुत यात्री आ गये हैं, स्थान की

बहुत कमी है। पर बाद में वे मान गये और उन्होंने एक स्पेशल (विशेष) कमरे की चाबी निकाल कर हमें दी और यह भी बोले कि यदि सप्ताह भर ठहरना चाहते हैं, ठहर जाइये, आगे देखा जायेगा।

कमरे की चाबी पाकर हमें सचमुच बहुत प्रसन्नता हुई। हम नीचे की मंजिल में ही ऐसा कमरा चाहते थे जो कि समाधि मंदिर के पास भी हो–यह कमरा बिल्कुल हमारी आवश्यकता के अनुरूप था। हम लोगों ने कमरे में सामान रख दिया और स्नान आदि करके दोपहर के भोजन के लिए चले गये। भोजन करके लौटे तो दोपहर के बारह बज गये थे। इस समय बाबा की दोपहर की आरती हो रही थी किंतु यात्रा की थकावट एवं आलस्य के कारण हम लोग आरती में सम्मिलित नहीं हुए।

बाबा की अगली आरती सायंकाल पौने सात बजे के लगभग होती है। हम लोग किसी कारण से इस आरती में भी सम्मिलित नहीं हो पाये। संभवतः इसका मूल कारण यह था कि हम लोग बाजार गये हुए थे तथा आरती के समय का पूरा ध्यान नहीं रखा। जब बाजार से लौटे तो आरती हो चुकी थी। वैसे मेरी पत्नी और दूसरी महिला बीच में मंदिर में जाकर बाबा को प्रणाम कर आईं थी किंतु अपनी लापरवाही के कारण मैं यह भी नहीं कर पाया।

रात्रि में जब मैं सोने लगा तो ऐसा प्रतीत हुआ कि सिर में चक्कर आ रहे हैं। मैं जरा सा भी सिर को हिलाऊँ या घुमाऊँ तो सारी धरती, सारा कमरा और सब कुछ इस तरह घूमते हुए दिखाई देते जैसे कि मैं चारपाई पर नहीं अपितु किसी झूले पर बैठा हुआ घूम रहा हूँ। ऐसी स्थिति में रात्रि में सोना या नींद लेना तो दूर रहा बिस्तर पर पड़े रहना भी कठिन हो गया। जब यह बात मैंने अपनी पत्नी और साथ वाली महिला को बताई तो वे दोनों बोली कि "कोई विशेष बीमारी हो गयी है, अतः सुबह होते ही डाक्टर को दिखाना चाहिए।" किंतु मैं उनसे सहमत नहीं हुआ। मैं मन ही मन सारी स्थिति का विश्लेषण करता रहा और अंत में यही बोध हुआ कि बाबा ने मेरे रहने की अच्छी व्यवस्था कर दी, मन चाहा कमरा मुझे दिलवा दिया फिर भी मैं कृतघ्न हूँ कि न तो मंदिर में बाबा के दर्शनार्थ गया और न ही आरती में

सम्मिलित हुआ। मैंने बाबा से क्षमा-याचना करते हुए प्रार्थना की कि वे मुझे कष्ट से मुक्त कर दें। मैंने यह भी संकल्प लिया कि अगले दिन से मैं बाबा की प्रत्येक आरती में सम्मिलित होऊँगा। बाबा की कृपा से सिर के चक्कर समाप्त हो गये तथा अगले दिन प्रातः उठा तो मैं पूर्णतः स्वस्थ था। बाबा की दिन में चार बार आरती होती है—प्रातः 5 बजे, दोपहर 12 बजे, सायंकाल पौने सात बजे एवं रात्रि में दस बजे। अगले दिन से मैं इन चारों आरतियों में बराबर सम्मिलित होता रहा। हम लोग लगभग एक सप्ताह रहकर वापस लौटे। वापस लौटते समय ट्रेन में आरक्षण प्राप्त करने की कठिनाई थी किंतु बाबा की कृपा से वह भी दूर हो गई। शिरडी में हमारा पूरा एक सप्ताह बड़े सुख-चैन एवं आनंद से व्यतीत हुआ तथा लौटते समय यात्रा में भी किसी प्रकार का कोई कष्ट नहीं हुआ। बाबा की कृपा एवं सहायता का बोध अवश्य स्थान-स्थान पर होता रहा।

शिरडी में सात दिन रहने से मुझे कितना लाभ हुआ–इसका हिसाब करना या विवरण देना कठिन है किंतु संक्षेप में यही कह सकता हूँ कि शिरडी जाने से पूर्व मैं जिन शारीरिक, मानसिक एवं आर्थिक परेशानियों से संघर्ष कर रहा था वे लौटने के बाद प्रायः सभी दूर हो गयीं। जो महिला हमारे साथ गयी थी, उसे तो और भी विचित्र अनुभव हुआ। उसने बताया कि जब भी वह शिरडी साईं का ध्यान करती है तो उसे बाबा के चार हाथ दिखाई पड़ते हैं। उसने मुझसे पूछा कि ऐसा क्यों होता है? मैंने उत्तर दिया कि "चार हाथ सामान्यतः भगवान विष्णु के माने जाते हैं। बाबा विष्णु के ही अवतार हैं–अतः उन्होंने आपकी उपासना से प्रसन्न होकर अपने दिव्य स्वरूप का बोध करवाया है।" यहाँ यह उल्लेखनीय है कि उस महिला ने और मेरी पत्नी–दोनों ही शिरडी में रहते हुए बाबा के मन्दिर में जाकर नियमित रूप से शिरडी बाबा का 'साईं सच्चरित्र' पढ़ती थीं तथा उन्होंने सात दिन में उसका पाठ समाप्त किया था। संभवतः बाबा ने इसी से प्रसन्न होकर अपने दिव्य स्वरूप का बोध करवाया हो।

जनवरी सन् 1993 में मैं आगरा से बम्बई जा रहा था। यद्यपि मेरे पास बहुत सामान था जिससे यात्रा करने में कई प्रकार की असुविधाएँ हो रही थीं

फिर भी मैंने विचार किया कि मैं रास्ते में मनमाड उतर शिरडी जाऊँगा तथा एक-दो दिन व्यतीत करके फिर बम्बई जाऊँगा। मनमाड से शिरडी तक कुछ बसें जाती हैं तथा टैक्सियाँ भी मिलती हैं। मनमाड रेलवे स्टेशन पर उतर कर मैंने सोचा कि यदि सत्तर-पचहत्तर रुपयों में टैक्सी में सीट मिल जाय तो उसी से जाना चाहिए क्योंकि भारी सामान के साथ बस में जाने से कठिनाई होगी। जब मैंने रेलवे स्टेशन पर कुछ टैक्सी वालों से बात की तो कोई भी डेढ़ सौ–दो सौ रुपये से कम में जाने के लिए तैयार नहीं हुआ। अतः मैं निराश होकर थ्रीव्हीलर से बस स्टैण्ड की ओर चल पड़ा। मन में यही कहा कि जैसी बाबा की इच्छा।

अभी मैं बस-स्टैण्ड के बाहर ही पहुँचा था कि पीछे से एक टैक्सीवाला मुझे पुकारता हुआ आया और बोला—"आप शिरडी जाना चाहते हैं, मेरी टैक्सी में चलें।" जब मैंने पूछा कि क्या किराया देना होगा तो उसने उत्तर दिया—'केवल पचहत्तर रुपये' मैं सहर्ष उसकी टैक्सी में बैठ गया और मन ही मन इस अप्रत्याशित सहायता के लिए बाबा को धन्यवाद दिया।

एक बार बाबा ने मुझे स्वप्न में भी दर्शन दिये। वे लेटे हुए दिखाई पड़े। जब मैंने उनके चरण छुए तो बोले—"अरे गणपतिचन्द्र तुम हो।" श्री सत्यसाईं बाबा ने बताया कि शिरडी साईं बाबा का जन्म 28 सितम्बर 1835 को हुआ था। अतः सन् 1992 में मैं बम्बई से 28 सितम्बर को शिरडी पहुँचा और गुलाब के फूलों की एक बढ़िया माला बाबा को अर्पित करते हुए उन्हें जन्म दिवस की बधाई दी। रात्रि में मुझे स्वप्न में श्री साईं बाबा उसी माला को पहने हुए दिखाई दिये–पोशाक अवश्य उन्होंने पीले रंग की पहन रखी थी। इससे शिरडी साईं बाबा एवं सत्यसाईं बाबा की एकता का भी संकेत मिलता है।

शिरडी साईं बाबा सम्बन्धी कुछ अनुभव मुझे दूसरों के माध्यम से भी प्राप्त हुए हैं। मेरा एक विद्यार्थी रामकिशन जो कि अब दिल्ली के किसी स्कूल में अध्यापक है, वह एक बार संकट ग्रस्त था। पहले उसकी पत्नी बीमार पड़ी और फिर उसकी दस वर्षीया लड़की बुरी तरह अस्वस्थ हो गयी। जब उसने दिल्ली के बत्रा अस्पताल में उसे दिखाया तो उन्होंने कहा कि "इसका

आपरेशन करना पड़ेगा जिसमें कम से कम दो लाख रुपये खर्च होंगे। फिर भी वह बच ही जायेगी, ऐसा नहीं कहा जा सकता।" श्री रामकिशन मेरे निर्देशन में पी०एच-डी० कर रहे थे, अतः समय-समय पर वे आगरा आते रहते थे। एक बार आये तो उन्होंने अपनी बेटी की चिंताजनक स्थिति के बारे में बताया। मैंने उन्हें परामर्श दिया कि इस स्थिति में साईं बाबा ही त्राण कर सकते हैं। उनकी शरण लो। किंतु वे साईं बाबा के दोनों रूपों–शिरडी साईं बाबा एवं सत्यसाईं बाबा–में से किसी से भी अभिज्ञ नहीं थे। मैंने दोनों के बारे में बताते हुए कहा कि दोनों एक ही हैं, फिर भी जिसमें तुम्हारा मन लगे उसी की उपासना करो। उन्होंने दिल्ली में शिरडी साईं का मंदिर देखा था, अतः उनकी ही उपासना का विचार किया। वे मेरे से साईं-मंत्र ले गये और संकल्प किया कि वे एक लाख मंत्र जपेंगे तथा गर्मियों की छुट्टियों में शिरडी की यात्रा करेंगे।

ज्यों ही रामकिशन ने बाबा के मंत्र जपने आरंभ किये उनकी बेटी की हालत सुधरने लग गयी। केवल औषधियों से ही उसका जितना सुधार हो रहा था, उसे देखकर डाक्टर भी अचम्भित थे। इसके पश्चात् कुछ समय में ही वह काफी ठीक हो गयी थी।

19 मई 1992 को पुनः रामकिशन आगरा मुझसे मिलने आये तो उन्होंने बताया कि वे जून में सपरिवार शिरडी जाने की सोच रहे हैं। मैंने इसका समर्थन किया। किंतु दुर्भाग्य से आगरा से दिल्ली लौटते समय ट्रेन में उन्हें महाराष्ट्र के कुछ लोग मिले। जब रामकिशन ने उनसे अपनी भावी यात्रा की चर्चा की तो उन्होंने कहा—"अरे, गर्मियों में शिरडी जाकर क्या करोगे। उन दिनों तो वहाँ पानी भी नहीं मिलता।" रामकिशन उनके कथन से इतना प्रभावित हुआ कि उसने अपना विचार ही बदल लिया। उसने सोचा "गर्मियों के स्थान पर दशहरे की छुट्टियों में शिरडी हो आयेंगे।"

घर आकर उन्होंने अपने परिवार के लोगों को यह बात बतायी कि शिरडी जून में न जाकर अक्टूबर में जायेंगे। घरवाले भी मान गये। किंतु उसी रात्रि में उनकी बेटी की तबियत पुनः खराब हो गई। कुछ ही दिनों में उसकी स्थिति वैसी ही हो गई जैसी पहले थी। वे बहुत घबरा

गये किंतु कुछ समझ में नहीं आया। डाक्टर भी कुछ नहीं बता सके कि ऐसा क्यों हुआ ?

श्री रामकिशन एवं उनका परिवार लड़की (दीपिका) की स्वस्थता के लिए बाबा से प्रार्थना करते रहे। 20 जून की रात्रि को उनके दस वर्षीय बेटे गौरव को एक स्वप्न आया जो उसके शब्दों में इस प्रकार था—"स्वप्न में मुझे बाबा (शिरडी साईं बाबा) दिखाई दिये। वे बहुत क्रोध में थे। उनका रूप आकार बहुत विशाल था। वे हमारे घर के बाहर खड़े थे–कभी एक कदम घर में रहते थे और कभी बाहर। मैं बुरी तरह डर गया और बाबा से प्रार्थना की कि बाबा मैं तो बच्चा हूँ डर जाऊँगा। जो बात है मेरे पापा को बता दें।' बाबा अंतर्धान हो गये।"

इधर बेटी दीपिका को भी बाबा स्वप्न में दिखाई दिये। उसने अपनी अर्द्धचेतनावस्था में ही बार-बार कहा—"मुझे बाबा के पास जाना है। बाबा मुझे बुला रहे हैं। कह रहे हैं—"देखो! दीपू तुम जितनी जल्दी मेरे पास आओगी उतनी जल्दी ही तुम्हें ठीक कर दूँगा।" कभी-कभी वह अचेतावस्था में ही कहती—"बाबा मेरे पास खड़े हैं, मेरे सिर पर हाथ रखे हुए हैं। बाबा नंगे पैरों खड़े हैं। उनके पास डंडा है। वे एक ऊँचे पहाड़ पर खड़े हैं और मुझे बुला रहे हैं।"

यह सब सुनकर रामकिशन ने तुरंत शिरडी जाने के बारे में गंभीरता से सोचना आरंभ किया किंतु समस्या यह थी कि एक तो यात्रा के लिए पर्याप्त पैसा नहीं था–बीमारी में बहुत खर्च हो चुका था, दूसरे पूरे परिवार के साथ जाने के लिए रेलवे आरक्षण करवाना भी आवश्यक था। दिल्ली में तुरंत आरक्षण मिलना असंभव दिखाई पड़ता था।

जहाँ तक पैसों की बात थी बाबा की कृपा से एक मित्र ने उनकी सहायता कर दी। किंतु आरक्षण की समस्या अब भी थी। 26 मई की रात्रि में श्री रामकिशन को स्वप्न आया–उधर जाने वाली ट्रेन खचाखच भरी हुई है। पैर रखने को भी जगह नहीं है। वे भी उसमें चढ़ना चाहते हैं पर चढ़ नहीं पाते। इतने में उन्हें बाबा दिखाई देते हैं तो वे उनसे कहते हैं—"बाबा!

हम कहाँ बैठें?'' बाबा उत्तर देते हैं—''तुम गाड़ी में कदम तो रखो। अन्तिम डिब्बे में तीन बर्थ तुम्हारे लिये ही हैं।''

बाबा का निर्देश पाकर रामकिशन आरक्षण के लिए गये तो पहले तो सम्बंधित अधिकारी ने कहा जगह नहीं है। फिर इन्हें लौटते हुए देखकर कहा—कितनी सीट चाहिए। अंततः उन्हें अंतिम डिब्बे की आखिरी तीन सीट (बर्थ) मिल गयी।

अस्तु, श्री रामकिशन अपनी पत्नी एवं बच्चों के साथ निश्चित दिन यात्रा के लिए चल पड़े। आश्चर्य की बात यह है कि ट्रेन में कदम रखते ही उनकी बच्ची स्वस्थ होने लग गयी और शिरडी पहुँचते-पहुँचते वह यह भी भूल गयी कि वह अस्वस्थ है। रामकिशन शिरडी में सात दिन रहे। वहाँ उन्होंने बाबा की कृपा से और भी कई चामत्कारिक अनुभव हुए किंतु उन सबको यहाँ लिखना संभव नहीं है।

इसके कुछ महीने बाद जब रामकिशन आगरा मेरे पास आये तो उन्होंने उपर्युक्त अनुभव मुझे सुनाये। मैंने उनसे अनुरोध किया कि वे इन सारे अनुभवों को लिख लें तथा उसकी एक प्रति मुझे दें। उन्होंने ऐसा ही किया। मैंने यहाँ जो कुछ लिखा है वह उनके द्वारा दिये गये लिखित विवरण पर ही आधारित है।

मुझे यह सब सुनकर बहुत संतुष्टि हुई। मैंने उन्हें बाबा के एक लाख मंत्र जपने की बात कही थी, उन्होंने बताया कि वे एक लाख से भी बहुत अधिक मंत्र जप चुके हैं तथा अब भी जप रहे हैं। रामकिशन से मेरा बीस वर्षों का सम्बन्ध है तथा वे सत्यनिष्ठ व्यक्ति हैं। अतः मुझे विश्वास है कि उनका उपर्युक्त विवरण पूर्णतः सही है।

इसी प्रकार शिरडी में आवास अधिकारी श्री ए० आर० शिंधे ने बाबा का एक महत्वपूर्ण अनुभव मुझे सुनाया। उन्होंने बताया कि एक अध्यापिका बाबा की भक्त है। उसे पेट का कैंसर हो गया तो बाबा से प्रार्थना की। बाबा ने स्वप्न में कहा—''तुम ग्यारह दिन भीख माँग कर खाओ।'' उसने अपने ससुराल में तो ऐसा करने का साहस नहीं किया किंतु अपने माँ-बाप के यहाँ जाकर ऐसा किया किंतु रोग से फिर भी मुक्त नहीं हुई तो बाबा ने पुनः स्वप्न

में निर्देश दिया कि "तुम शिरडी आ जाओ।" वह शिरडी आई तो बाबा पुनः स्वप्न में आये और उसे वस्त्र हटाकर अपना पेट दिखाते हुए बोले—"लो! तुम्हारा कैंसर मैंने ले लिया है।" उसने देखा कि बाबा का पेट वैसा ही हो रहा था, जैसा कि उसका अपना हो गया था। इसके बाद वह ठीक होकर अपने घर लौट गयी।

वस्तुतः इस प्रकार के सच्चे अनुभवों को सुनकर हमें प्रसन्नता तो मिलती ही है इससे हमारी बाबा के प्रति श्रद्धा एवं आस्था भी दृढ़ होती है। साथ ही इनमें हमें बाबा की भक्त वत्सलता का भी बोध होता है।

इसके अनंतर मैं समय-समय पर 'श्री साईं लीला' एवं अन्य ग्रथों में प्रकाशित अनुभव पढ़ता रहा जिससे मेरी आस्था दिन पर दिन दृढ़ हो गयी। अब मेरा पूर्ण विश्वास है कि बाबा भगवान के अवतार हैं तथा वे सर्वज्ञ, सर्वव्यापक और सर्वशक्तिमान हैं।

शिरडी से प्रकाशित होने वाली पत्रिका 'श्री साईं लीला' के भी विभिन्न अंकों में भक्तों के अनेक अनुभव समय-समय पर प्रकाशित होते रहते हैं जिन्हें पढ़कर बाबा की चामत्कारिक लीलाओं एवं दिव्य शक्तियों का बोध होता है। मनुष्य का मन बहुत चंचल है–कभी-कभी उसमें अनुभवों पर भी संदेह होने लगता है जिससे उसकी बुद्धि भ्रमित होने लगती है। ऐसी स्थिति में दूसरे भक्तों की अनुभूति के आस्वादन से भी मन को तृप्ति एवं शांति मिलती है।

अस्तु, ज्यों-ज्यों मैं अपने एवं दूसरे लोगों के अनुभवों का आस्वादन एवं चिंतन-मनन करता गया त्यों-त्यों मेरे मन में बाबा के प्रति विश्वास बढ़ता गया तथा मेरी श्रद्धा एवं आस्था दृढ़ होती गयी। अब मेरा पूर्ण विश्वास है कि श्री शिरडी साईं बाबा भगवान के अवतार हैं तथा वे सर्वज्ञ, सर्वव्यापक एवं सर्वशक्तिमान हैं।

शिरडी साईं बाबा : जीवन-चरित

साईं बाबा का आश्रम महाराष्ट्र के अहमदनगर जिले में कोपर गाँव रेलवे स्टेशन के निकट शिरडी ग्राम में स्थित है। बाबा अपनी सोलह वर्ष की आयु में शिरडी आये थे तथा जीवन-पर्यन्त यहीं रहे। शिरडी निवासी होने के कारण ही उनका नाम 'शिरडी' के रूप में विख्यात हो गया किंतु उनका वास्तविक नाम क्या था तथा उनका जन्म कहाँ हुआ, उनके माता-पिता कौन थे आदि बातें अज्ञात हैं। स्वयं शिरडी साईं ने इसके बारे में कुछ नहीं बताया किंतु कुछ वर्षों पूर्व श्री सत्यसाईं बाबा ने अपने पूर्व रूप का परिचय देते हुए शिरडी साईं बाबा के प्रारंभिक जीवन सम्बन्धी घटनाओं पर प्रकाश डाला है जिससे ज्ञात होता है कि उनका जन्म 28 सितम्बर सन् 1835 में तत्कालीन हैदराबाद राज्य के पातरी नामक गाँव में एक ब्राह्मण परिवार में हुआ था। उनके पिता श्री गंगा बावड़िया एवं उनकी माता देवगिरि अम्मा दोनों शिव-पार्वती के उपासक थे तथा शिव के आशीर्वाद से ही उनके संतान हुई थी।

जब शिरडी साईं अपनी माँ के गर्भ में थे तब ही उनके पिता के मन में ब्रह्म की खोज में अरण्यवास की लालसा तीव्र हो उठी। वे अपना सब-कुछ त्याग करके जंगलों की ओर निकल पड़े। देवगिरि अम्मा भी उनका अनुसरण करती हुई उनके साथ चल पड़ी। मार्ग में ही उसने एक शिशु को जन्म दिया किंतु पति के आदेशानुसार उसे किसी वृक्ष के नीचे छोड़कर आगे पति के साथ चली गयी। उसी समय सौभाग्य से एक मुस्लिम फकीर उधर से निकला जो स्वयं निःसंतान था। इसी कारण उसकी पत्नी भी दुःखी रहती थी। उस फकीर ने उस बच्चे को उठा लिया और अपनी पत्नी को सौंप दिया। उसने शिशु को 'बाबा' नाम से पुकारते हुए उसका रुचिपूर्वक लालन-पालन किया।

बाबा जब बड़ा हुआ तो मोहल्ले के बच्चे उससे परेशान रहने लगे क्योंकि वह प्रत्येक खेल में सबको परास्त कर देता था। एक बार 'गोलियाँ'

खेलते-खेलते उसने गाँव के साहूकार के लड़के की सारी गोलियाँ जीत लीं। अंत में वह लड़का अपने पिता के पूजन-कक्ष से शिवलिंग ही उठा लाया और उसका उपयोग गोली के रूप में करना चाहा किंतु बाबा को यह सहन नहीं हुआ। वह उसे उठाकर मुँह में निगल गया। इस बात को लेकर साहूकार ने बाबा के घरवालों से काफी कहासुनी की। वैसे भी बाबा का व्यवहार बड़ा विचित्र था–कभी वह हिन्दुओं के मन्दिर में घुस जाता था तो कभी मस्जिद में जाकर शिवलिंग की स्थापना करने लगता था–इससे न तो गाँव के हिन्दू उससे प्रसन्न थे और न मुसलमान। वे सभी बाबा की शिकायतें उसके घरवालों से करते थे जिनसे परेशान होकर न चाहते हुए भी उक्त फकीर ने बाबा को अपने घर से निकाल दिया।

चाँद पाटिल का आश्रय–इसके कुछ समय बाद ही बाबा को किस प्रकार औरंगाबाद जिले के धूप गाँव के एक धनाढ्य मुस्लिम सज्जन चाँद पाटिल का आश्रय प्राप्त हुआ–इसका भी एक रोचक वृत्तांत 'श्री साईं सत्चरित्र' में दिया हुआ है। इसके अनुसार जब ये सज्जन औरंगाबाद जा रहे थे तो मार्ग में उनकी घोड़ी खो गयी और लगभग दो माह की खोज के बाद भी जब उसका कोई पता न चला तो वे निराश होकर घर लौट रहे थे। मार्ग में एकाएक उनकी दृष्टि एक आम्रवृक्ष के नीचे चिलम पीते हुए एक फकीर बाबा पर पड़ी। जब दोनों में बातचीत हुई तो फकीर ने उसके कष्ट का निवारण करते हुए कहा कि नाले के पास जाकर घोड़ी को देखो। पाटिल को घोड़ी वहीं मिल गयी। वह उनसे बहुत प्रभावित हुआ तथा आग्रहपूर्वक बाबा को अपने घर ले आया।

कुछ समय बाद पाटिल के एक निकट सम्बन्धी की बारात शिरडी गाँव गयी जिसके साथ बाबा भी गये। विवाह के बाद बारात तो लौट आई किंतु बाबा को वह जगह इतनी पसंद आयी कि वे वहीं एक जीर्ण-शीर्ण मस्जिद में रहने लग गये। यहीं एक श्रद्धालु व्यक्ति म्हालसापति ने तरुण फकीर के तेजस्वी व्यक्तित्व से अभिभूत होकर 'साईं' कहकर सम्बोधित किया। धीरे-धीरे शिरडी में उन्हें सभी लोग 'साईं' या 'साईं बाबा' के नाम से ही पुकारने लग गये।

शिरडी में रहते हुए साईं बाबा विभिन्न साधु-संतों से सम्पर्क स्थापित करने लगे। कभी कोई संत उनके पास आ जाता था तो कभी वे उसके साथ चले जाते थे। यद्यपि लोग साईं बाबा को मुस्लिम फकीर के रूप में जानते थे किंतु उनका सम्पर्क हिन्दू व मुस्लिम–सभी प्रकार के लोगों से निःसंकोच रूप में रहता था। एक ओर वे शिरडी वासी संत देवीदास के सान्निध्य में हनुमान मन्दिर आते-जाते रहते थे तो दूसरी ओर उन्होंने जौहर अली नामक एक मुस्लिम फकीर को भी अपने आवास स्थान में प्रश्रय दिया। बाबा के अनुयायियों व श्रद्धालुओं में भी दोनों ही वर्ग के लोग थे तथा सभी उन्हें एक चामत्कारिक फकीर या महात्मा के रूप में आदर देते थे।

एक विशेष घटना—इन्हीं दिनों एक विशेष घटना घटित हुई जिसके कारण आस-पास के सभी लोगों की श्रद्धा बाबा के प्रति और भी बढ़ गयी। बाबा को रात्रि में दीपक जलाने का बड़ा शौक था, इसलिए वे शिरडी के दुकानदारों से तेल माँगकर लाते थे जिससे मस्जिद में प्रति रात्रि दीपमाला सजाई जाती थी। एक बार दुकानदारों ने मिलकर तय किया कि वे अब प्रतिदिन बाबा को इस प्रकार मुफ्त में तेल नहीं देंगे। अतः जब बाबा आये तो उन्होंने इंकार कर दिया। बाबा किसी से भी कुछ कहे बिना मस्जिद में लौट आये और तेल के स्थान पर पानी से दिये भरकर उन्हें जला दिया। रात भर दिये बराबर जलते रहे। जब प्रातःकाल उन दुकानदारों को इस बात का पता चला तो उन्होंने बाबा के चरणों में गिरकर क्षमा याचना की। बाबा ने उन्हें भविष्य में इस प्रकार की कृपणता न दिखाने के लिए चेतावनी देते हुए क्षमा कर दिया।

हिन्दू-मुस्लिम-एकता—शिरडी साईं बाबा सभी धर्मों की एकता पर बल देते हुए विभिन्न धर्मावलम्बियों को अपने आश्रय में स्थान देते थे। उस समय भारत के कुछ अन्य प्रदेशों में हिन्दू-मुस्लिम द्वेष व्याप्त था किंतु बाबा का संदेश था—"राम और रहीम दोनों एक ही हैं और उनमें किंचित् मात्र भी भेद नहीं है। फिर तुम उनके अनुयायी होकर क्यों परस्पर झगड़ते हो। अज्ञानी लोगों में एकता साधकर दोनों जातियों को मिलजुल कर रहना चाहिए।"

बाबा ने अपने इस संदेश को अपने आश्रय में पूरी तरह चरितार्थ कर दिया था। उनके अनुयायियों में सभी धर्मों के लोग थे। उनके आश्रय (मस्जिदों) में एक ओर हिन्दुओं के विभिन्न धार्मिक पर्वों—रामनवमी, गोपाल अष्टमी, दशहरा आदि का आयोजन धूम-धाम से होता था वहीं दूसरी ओर मुसलमानों की ईद, उर्स, संदल जलूस आदि को भी पूरे उत्साह से मनाया जाता था। उनके इन आयोजनों की व्यवस्था उनके हिन्दू और मुस्लिम–सभी श्रद्धालु मिलकर करते थे। इसी प्रकार जहाँ उन्होंने अपने हिन्दू भक्तों के सहयोग से मस्जिद की मरम्मत करवाई वहाँ अपने अन्य श्रद्धालुओं के द्वारा शिरडी के विभिन्न हिन्दू मन्दिरों—गणपति मन्दिर, शिव-पार्वती मन्दिर आदि का भी जीर्णोद्धार करवाया। गीता, कुरान, भागवत, विष्णु सहस्रनाम आदि सभी धार्मिक ग्रंथों के पठन-पाठन की प्रेरणा उन्होंने अपने शिष्यों को दी। एक बार उन्होंने बाबू साहब जोग को न केवल लोकमान्य तिलक के 'गीता-रहस्य' के अध्ययन मनन के लिए आशीर्वाद दिया अपितु अपनी ओर से एक मुद्रा भी उन्हें इसके लिए स्नेह के प्रतीक के रूप में प्रदान की।

बाबा अपने धर्म में श्रद्धा रखने वाले प्रत्येक व्यक्ति को स्नेह एवं आशीर्वाद प्रदान करते थे किंतु अपने धार्मिक क्रिया-कलापों के कारण यदि कोई व्यक्ति मिथ्याभिमान या गर्व से ग्रस्त हो जाता था तो बाबा उसे सहन नहीं करते थे। वे उसके अहंकार को नष्ट करना आवश्यक समझते थे। इसके कई उदाहरण उपलब्ध हैं—कहते हैं कि वहाँ एक कालके साहब थे जिन्हें अपनी हज-यात्रा का बड़ा गर्व था। वे कई बार बाबा से भेंट करने आये किंतु बाबा ने उनसे भेंट करने से इंकार कर दिया। इसके बाद कालके साहब ने बाबा के प्रिय शिष्य शामा के माध्यम से कहलवाकर अनुमति माँगी। परंतु बाबा ने उन्हें सम्बोधित करते हुए कहा—"तुम्हें अपनी हज का बहुत अभिमान हो गया है–इसीलिए वृद्ध हाजियों की सी वेश-भूषा धारण करके अपनी (औरों से उच्चता) श्रेष्ठता का प्रदर्शन कर रहे हो। क्या तुमने कुरान शरीफ से यही पढ़ा है—वास्तव में तुम मुझे नहीं जानते।

इसी प्रकार वे अपने उन दर्शनार्थियों या आगन्तुकों को फटकारे बिना नहीं रहते थे जिन्हें अपने हिन्दूत्व पर बहुत गर्व होता था। एक

बार एक मेघा नामक ब्राह्मण उनके यहाँ गया। उसके मन में इस बात का बहुत विचार था कि बाबा मुस्लिम हैं जबकि वह शुद्ध ब्राह्मण। बाबा उसके मन की बात जान गये और कहा—"मैं तो निम्न जाति का मुसलमान हूँ, तुम उच्च जाति के ब्राह्मण–कहीं तुम्हारी जाति नष्ट हो जायेगी–इसे बाहर निकालो।" आगे चलकर यही मेघा अपने जाति अभिमान से मुक्त होकर बाबा का पक्का भक्त हो गया और उनकी अनुकम्पा प्राप्त की।

दूसरों का कष्ट अपने पर ले लेना—बाबा अत्यंत कृपालु एवं दयालु थे। एक बार वे दिवाली के शुभ अवसर पर अपनी धूनी के समीप बैठे थे और उसमें लकड़ियाँ डालते जा रहे थे। किंतु अचानक उन्होंने लकड़ी के स्थान पर अपना हाथ धूनी में डाल दिया जिसे देखकर सभी विस्मित थे। उनका हाथ जलकर बुरी तरह झुलस गया। बाद में जब माधवराव ने बाबा से इसका कारण पूछा तो उन्होंने बताया—"यहाँ से थोड़ी दूर पर एक लुहारिन अपने शिशु के साथ भट्ठी के पास बैठी हुई थी कि उसके पति ने आवाज दी तो वह उठकर चली गयी। पीछे से शिशु फिसलकर भट्ठी में गिर पड़ा। मैंने तुरंत भट्ठी में हाथ डालकर शिशु के प्राण बचा लिये हैं। मुझे अपना हाथ जल जाने का कोई दुःख नहीं है, परंतु प्रसन्नता है कि एक मासूम बच्चे के प्राण बच गये।"

इसी प्रकार उन्होंने श्रीमती खापडे के छोटे लड़के की प्लेग की बीमारी अपने ऊपर ले ली और उसके प्राण बचाये। यह महिला बाबा की श्रद्धालु थी तथा अपने लड़के के सहित शिरडी आई हुई थी। अचानक वह प्लेग से ग्रस्त हो गया। यह देखकर वह घबराई हुई बाबा के पास आई। बाबा ने उसे आश्वस्त करते हुए कहा—"आकाश में बहुत बादल छाये हुए हैं, उनके हटते ही आकाश पुनः स्वच्छ हो जायेगा।" ऐसा कहते हुए उन्होंने अपनी कफनी ऊपर उठाकर सबको दिखाया कि किस प्रकार प्लेग की गिल्टियाँ उनके शरीर पर उत्पन्न हो गयी हैं। दूसरी ओर वह बालक तुरंत स्वस्थ हो गया। बाबा ने प्रेमपूर्वक कहा—"मुझे अपने भक्तों के लिए कष्ट उठाने पड़ते हैं। उनके कष्ट मेरे हैं।"

बाबा सर्वव्यापी ! सर्वशक्तिमान !—बाबा सर्वव्यापी एवं सर्वशक्तिमान थे। इसलिए परोक्ष में शिरडी से दूर भक्तों द्वारा कही हुई या की गई बातों को प्रत्यक्ष रूप में जान जाते थे तथा उनके आने पर उन्हें प्रकट कर देते थे। शिरडी में आये हुए भयंकर झंझावात को रोक देना एवं मस्जिद की धूनी से लगी हुई आग की लपटों को अपने संकेत मात्र से बुझा देना, श्यामा के सर्पदंश के विष को केवल यह कहकर उतार देना कि 'नीचे उतर जाओ!' भीमाजी पाटिल को दो स्वप्नों में दर्शन देकर उन्हें टी०बी० से मुक्त कर देना, दत्तोपंत की उदर पीड़ा एवं विशूचिका को अपनी विभूति से ठीक कर देना आदि अनेक ऐसी घटनाएँ हैं जो बाबा की सर्वशक्तिमता को प्रकाशित करती हैं। वे न केवल विभिन्न मनुष्यों के भूत, वर्तमान और भविष्य को जान जाते थे अपितु कई बार पशु-पक्षियों के भी पिछले जन्म की बातें प्रकट कर देते थे। एक बार उन्होंने दो बकरों के बारे में बताया कि ये पिछले जन्म में सगे भाई थे किंतु द्वेष-भाव के कारण उन्होंने एक दूसरे की हत्या कर दी थी। इसी प्रकार अपने आश्रम में आये हुए एक साँप और मेढक के पिछले जन्म की घटनाओं का विवरण बताते हुए कहा कि ये पहले जन्म में भी निकट सम्बंधी थे किंतु धन को लेकर परस्पर लड़ते रहते थे, उनका यह बैर भाव इस जन्म में भी समाप्त नहीं हुआ।

बाबा का सभी प्राणियों के प्रति दया का भाव था। एक बार जब उनकी श्रद्धालु महिला कुत्ते को रोटी खिलाने के बाद बाबा के पास भोजन लेकर पहुँची तो उन्होंने प्रेमपूर्वक गद्‌गद होकर कहा—"माँ! आज तुमने बड़े प्रेम से मुझे पहले ही खिला दिया है। मेरी भूखी आत्मा को उससे बड़ी सांत्वना मिली है।" इसी प्रकार अपनी शरण में आये हुए एक चीते को जिसे तीन लोगों ने जंजीरों से जकड़ रखा था, मोक्ष प्रदान की। जब उनके भक्तों ने उनसे पूछा कि साँप-बिच्छू को मारना चाहिए या नहीं, तो उनका उत्तर था—"उन सबमें भगवान् का निवास है।"

देह-त्याग—शिरडी साईं बाबा ने 15 अक्टूबर, 1818 में 83 वर्ष की आयु में अपने शरीर का त्याग किया। उनके निधन के बाद उनके अनुयायियों में तीन दिन तक इस बात को लेकर विवाद चलता रहा कि उन्हें कहाँ दफनाया

जाय? अंत में बाबा के द्वारा स्वप्न में दिये गये संकेत के अनुसार उनके आश्रम में ही उस मन्दिर में दफना दिया गया जहाँ पहले गोपाल कृष्ण की मूर्ति स्थापित करने का विचार था। वस्तुतः मूर्ति के स्थान पर गोपाल कृष्ण के ही नव अवतरित रूप में उस मंदिर में स्थान ग्रहण कर लिया!

●

बाबा के समकालीन भक्तों के संस्मरण

इस अध्याय में ऐसे भक्तों के संस्मरण प्रस्तुत किये जा रहे हैं जिन्होंने बाबा के जीवन-काल में उनसे प्रत्यक्ष रूप में संपर्क करने का सौभाग्य प्राप्त किया। इस संदर्भ में माननीय श्री नरसिंहा स्वामी जी का नाम उल्लेखनीय है जिन्होंने सन् 1936 से 1938 तक के बीच में ऐसे भक्तों से भेंट करके उनके संस्मरण लिपिबद्ध किये जो कि बाद में 'डिवोटीज एक्सपीयरेन्सज आफ श्री साईं बाबा' (Devotee's Experiences of Sri Sai Baba) शीर्षक से तीन खंडों में प्रकाशित हुए। इन संस्मरणों से बाबा के व्यक्तित्व के विभिन्न पक्षों, उनकी दिव्य शक्तियों, लीलाओं, शिक्षाओं एवं व्यवहार-पद्धति आदि पर समुचित प्रकाश पड़ता है। इस अध्याय में प्रस्तुत सभी संस्मरण मूलतः इसी ग्रंथ पर आधारित हैं, यह दूसरी बात है कि उनका प्रस्तुतीकरण सर्वथा अपना है।

(1) 'बाबा ने मुझे आशा से अधिक दिया!'

नासिक के श्री लक्ष्मण गोविन्द मोंगे सन् 1910 में पहली बार शिरडी गये थे। उसके पश्चात् वे समय-समय पर बाबा से भेंट करते रहते थे। उनके कुछ महत्वपूर्ण अनुभव यहाँ प्रस्तुत हैं।

"मैं पहली बार शिरडी गाडगिल साहब एवं नाना निमोनकर के साथ सन् 1890 में गया था। उस समय तक मेरे मन में यह द्वन्द्व था कि बाबा मुस्लिम हैं फिर भी वे हिन्दुओं के द्वारा क्यों पूजे जाते हैं। किंतु ज्योंही मैं बाबा से मिला, यह द्वन्द्व समाप्त हो गया। बात यह हुई कि पिछली रात हम तीनों कहीं अन्यत्र ठहरे थे, जहाँ गाडगिल साहब ने सोने से पूर्व कहा था—"मैं बाबा को अर्पित करने के लिए कुछ खाखरिया (गुजराती ढंग की विशेष चपात्तियाँ) और एक अगरबत्ती का पैकट लाया हूँ। इनके साथ एक रुपया और मिलाकर बाबा को भेंट कर दूँगा।" यह बात केवल हम तीनों को ही

ज्ञात था किंतु ज्योंही गाडगिल साहब ने बाबा से भेंट की तो उन्होंने गाडगिल से कहा—"मुझे मेरी खाखरिया, अगरबत्ती और रुपया भेंट करो।" मैं यह देखकर चकित हो गया कि बाबा ने यह सब कुछ जान लिया। अतः मैं इस निष्कर्ष पर पहुँचा कि बाबा अन्तर्यामी हैं तथा दिव्यशक्ति संपन्न हैं। ऐसे महान् संत को हिन्दू या मुस्लिम के रूप में देखना ही अनुचित है। अतः मेरा द्वन्द्व समाप्त हो गया।"

बाबा ने गाडगिल के द्वारा भेंट की गई तीनों वस्तुएँ तुरंत निपटा दीं–रुपया तेल वाले को दे दिया, अगरबत्तियाँ उसी समय जला दी गईं और चपात्तियाँ सबको बाँट दी गयीं। बाबा ने कुछ भी बाद के लिए बचाकर नहीं रखा। नाना साहब बाबा को दस रुपये का नोट अर्पित करना चाहते थे किंतु बाबा ने उसे लेने से इंकार कर दिया। इसका अर्थ है कि बाबा किससे, कब और कितनी दक्षिणा लेते हैं—इसका भी कोई कारण होता है जिसे हम लोग नहीं जान सकते।

मैंने पुनः शिरडी की यात्रा 1890 में की। जब मेरी 26 वर्ष की आयु थी। बाबा उस समय राहता में थे। उस समय मेरी शादी तय हो गई थी तथा कुछ आभूषणों की आवश्यकता थी। मैं बाबा के पास गया तो वे बोले—"आओ बच्चे! मैं कल तुम्हारे बारे में ही सोच रहा था।" मुझे अपने पैर दबाने के लिए कहा। फिर उन्होंने एक आम उठाकर मुझे खाने को दिया। वह बहुत मीठा था। फिर बाबा ने प्रश्न किया—"तुम किसलिए आये हो?" मैंने कहा—"मेरा विवाह निश्चित हो गया है, मुझे आभूषणों की आवश्यकता है। मैं आभूषण लेने आया हूँ।" मेरी बात सुनकर बाबा ने कहा—"कौन किसका है? कौन देता है? किसे मिलते हैं? कोई भी वक्त पर सहायता नहीं करेगा। अगर तुम 1000-2000 के आभूषण चाहो तो मैं दे सकता हूँ।"

मुझे बाबा की बात पर विश्वास नहीं हुआ। मैंने सोचा—बाबा हजार-दो हजार रुपये के आभूषण कहाँ से देंगे। इनके पास तो केवल एक कटोरा है जिसमें वे भीख माँगा करते हैं। किंतु मैंने प्रकट रूप में कुछ नहीं कहा। किंतु उसके अगले दिन ही मेरी भेंट मेरे एक पुराने मित्र से हुई जिसने अप्रत्याशित रूप में मेरी सहायता करते हुए मेरी आवश्यकता के अनुसार आभूषण किसी

विक्रेता से उधार दिलवा दिये, अन्यथा मुझे अपनी शादी का कार्यक्रम स्थगित करना पड़ता। इस प्रकार बाबा की कृपा से ही मुझे एकाएक सहायता प्राप्त हुई।

विवाह के पश्चात् मेरे क्रमशः कई बच्चे हुए किंतु दुर्भाग्य से वे जीवित नहीं रहते थे–जन्म के कुछ समय बाद ही उनकी मृत्यु हो जाती थी। अतः सन् 1912 में मैं शिरडी गया तो बाबा से प्रार्थना की—"मुझे एक दीर्घजीवी पुत्र दो।" बाबा ने उत्तर दिया—"एक क्यों दो माँगो।" उनके आशीर्वाद से उसके पश्चात् मेरे दो पुत्र हुए जो जीवित हैं। इस प्रकार बाबा ने मुझे आशा से अधिक दिया।

(2) 'मुझे संतान-सुख बाबा की कृपा से मिला!'

श्री दामोदर मूलतः अहमदनगर वासी थे किंतु बाद में पूना में रहने लग गये थे। उन्होंने बाबा के सम्बन्ध में अपने कई अनुभव बताये हैं जिनमें से कुछ यहाँ प्रस्तुत हैं—

श्री दामोदर बाबा के बहुत पुराने भक्त थे। सन् 1900 में बाबा के किसी भक्त ने गोआ से आम का पार्सल भेजा। बाबा ने उनमें से छह आम रख लिए और शेष उपस्थित व्यक्तियों में बाँट दिये। आम बहुत स्वादिष्ट थे। अतः उन्होंने वे छह आम भी बाँटने के लिए कहा। बाबा ने कहा—"ये आम दमिया के लिए हैं। वह कोपर गाँव आ गया है। अब यहाँ पहुँचने ही वाला है।" इस तरह से कह रहे थे कि मानों यह सब उन्हें दिखाई पड़ रहा हो। बाबा दामोदर को 'दमिया' कहा करते थे। इतने ही में फूलों की माला व चादर लेकर दामोदर आ गया। बाबा ने कहा—"दमिया फल लेओ खाओ और मरो।" इस अटपटी बात को सुनकर दामोदर कुछ भयभीत हुए। बाबा ने समझाया इन फलों को तुम मत खाओ अपनी छोटी पत्नी को खिलाओ। दामोदर के उस समय कोई संतान नहीं थी। बाबा ने कहा, "तुम्हारे दो पुत्र होंगे–बड़े का नाम दौलतशाह और छोटे का नाम थानाशाह रखना।" आगे चलकर दामोदर के दो पुत्र हुए और उनके वही नाम रखे जो कि बाबा ने बताये थे।

दामोदर कोई भी निर्णय बाबा से पूछे बिना नहीं लेते थे। दौलतशाह के विवाह-संबंध के लिए बहुत दहेज देने वाले कई धनी परिवारों के रिश्ते आए पर बाबा के कहने से उन्होंने एक निर्धन परिवार की लड़की से उसका विवाह किया। दौलतशाह के दो लड़कियाँ व एक लड़का हुआ और तीनों ही बहुत जल्दी मर गए। पत्नी बीमार रहती थी। दौलतशाह ने भगवान से प्रार्थना की कि अल्पायु के कई बच्चों की अपेक्षा दीर्घायु का एक बच्चा दें। जब उनके एक बच्चे की मृत्यु हुई तो रात्रि में बाबा स्वप्न में आए। उनकी गोद में वह मृतक बच्चा था। बाबा ने कहा—"बच्चा मूल नक्षत्र में पैदा हुआ था जो माता-पिता के लिए बड़ा अनिष्टकारी होता है, अतः मैंने उसे वापिस ले लिया। पर डरो मत, मैं तुम्हें एक अच्छा बच्चा दूँगा।" दौलतशाह ने मृतक बच्चे की जन्म पत्री ज्योतिषियों को दिखाई तो ज्ञात हुआ कि उसका जन्म मूल नक्षत्र में ही हुआ था। पन्द्रह माह बाद उसके दूसरा लड़का हुआ जो अभी जीवित है। श्री दामोदर की जन्म कुंडली में संतान के घर में केतु है जो संतान-सुख में बाधक माना जाता है। अतः श्री दामोदर की मान्यता है कि उन्हें संतान-सुख बाबा की कृपा से ही प्राप्त हुआ है।

दामोदर ने बाबा के सम्बंध में और भी कई महत्वपूर्ण बातें बताई हैं : जैसे—(1) बाबा जब भी अपने भक्त से धनराशि माँगते थे और भक्त इस कारण दुविधा में पड़ जाता तो बाबा कहते थे कि मैं किसी को दुविधा में नहीं डालता अपितु उसकी दुविधा दूर करता हूँ क्योंकि मैं किसी से जो कुछ लेता हूँ उसका कई गुना उसे लौटाता हूँ। (2) जब कोई दुःखी या परेशान व्यक्ति बाबा के पास आता तो बाबा कहते—"तुम मुझे भिक्षा में अपना तन और मन सौंप दो, तुम्हारी चिंता मैं करूँगा। तुम निश्चिंत हो जाओ।"

बाबा के जीवन-काल में दामोदर अपना प्रत्येक निर्णय बाबा से पूछकर लेते थे किंतु उसके बाद भी वे चिटों की सहायता से बाबा के निर्देश व निर्णय प्राप्त करते हैं। वस्तुतः बाबा के महासमाधि लेने के बाद भी वे बाबा की विद्यमानता सदा अनुभव करते रहते हैं।

(3) 'बाबा ने मेरी शराब छुड़वा दी!'

विले पार्ले (बम्बई) निवासी श्री कोलम्बो ने बाबा के सम्बन्ध में अपने अनुभवों पर प्रकाश डालते हुए बताया कि जब मैं शिरडी गया तो बाबा चिलम पी रहे थे। मैं बीड़ी पीता हूँ तथा मेरी इच्छा भी हुई कि चिलम पीऊँ। तुरंत ही बाबा ने मुझे पुकारा और कहा—"अरे लड़के! यहाँ आओ। दूर क्यों बैठे हो! चिलम की फूँक लो।" मैंने प्रसन्नतापूर्वक चिलम ली।

मेरी शराब पीने की भी आदत थी। जब दिनांक एक फरवरी 1917 को मैं रात्रि में अपने बिस्तर पर लेटा हुआ शराब पी रहा था तो बाबा स्वप्न में आये और मेरी छाती पर बैठ कर कहने लगे—"पोरा काय कर्ते? (अर्थात् लड़के यह क्या कर रहे हो?) तब मैंने शराब न पीने की कसम खाई।

दिनांक 15-2-1917 को मेरी कम्पनी के मैनेजर के यहाँ दावत थी। मुझे भी पार्टी में बुलाया गया था। मेरे मैनेजर ने आग्रह किया कि मैं शराब की दो-चार घूँट लूँ। उसने गिलास में शराब उड़ेलकर बहुत आग्रह किया। मैंने कहा—"डाक्टर ने मना किया है।" फिर भी वह अपनी जिद पर अड़ा रहा। ऐसी स्थिति में बाबा ने ही मेरी सहायता की। एकाएक बिजली चली गई। मैनेजर इसके कारण का पता लगाने के लिए उठकर बाहर चला गया। पीछे से मेरे पास बैठे हुए एक व्यक्ति ने अंधेरे में मेरा गिलास उठाकर शराब पी ली। मैनेजर ने समझा कि मैंने ही पी है। इस तरह मुझे मुक्ति मिली।

बाबा प्रायः किसी विशेष प्रयोजन रो ही दक्षिणा लिया करते थे। एक बार मैं शिरडी गया हुआ था किंतु बाबा ने मुझसे दक्षिणा नहीं माँगी। मैंने सोचा कि मैं अब दुर्गुणों से मुक्त हो गया हूँ, इसलिए मुझसे दक्षिणा नहीं माँगी। मैंने बाड़े में जाकर लोगों के समक्ष डींग हाँकी कि बाबा ने मुझसे दक्षिणा नहीं माँगी। उसी समय बाबा का बुलावा आया और मुझसे दो रुपये दक्षिणा के माँगे। इससे दो बाते स्पष्ट होती हैं–एक तो यह कि बाबा अपने भक्तों के गर्व को नहीं बढ़ने देते। दूसरे, मैंने बाड़े में आकर जो चर्चा की थी उसका ज्ञान बाबा को मस्जिद में बैठे-बैठे ही हो गया था।

सन् 1918 में जब मैं बाबा से भेंट करके शिरडी से लौटने लगा तो वे बोले—"तुम भी मुझसे बात करते हुए लौटो और मैं बात करते हुए विदाई लूँ।" इसके कुछ दिन बाद ही बाबा ने महासमाधि ले ली थी।

सन् 1922 में बाबा ने स्वप्न में दर्शन दिये और बोले—"लड़के! तू सबसे कहता फिरता है कि मैं तेरा गुरु हूँ जबकि मैंने तुम्हें प्रसाद (गुरु-मंत्र) तो दिया ही नहीं।" फिर उन्होंने मुझे हाथ-मुँह धोकर आने के लिए कहा। जब मैं हाथ-मुँह धोकर बैठ गया तो उन्होंने मुझे कोई मराठी श्लोक गुरु-मंत्र के रूप में दिया जिसे मैं सुबह उठने पर भूल गया। बाबा ने स्वप्न में उस मंत्र को मुझे दुहरवा भी दिया था किंतु फिर भी मुझे याद नहीं रहा।

सन् 1934 में मैं 55 वर्ष की आयु का हो गया था, अतः मुझे चिन्ता थी कि मैं सेवा-निवृत्त हो जाऊँगा। मेरे ऊपर बहुत बड़े परिवार का उत्तरदायित्व था। एक रात्रि में बाबा स्वप्न में आये और उन्होंने यह संकेत दिया कि मैं सेवा-निवृत्त नहीं होऊँगा। बाद में सचमुच ऐसा ही हुआ। कम्पनी ने किसी विशेष कारण से मुझे सेवा-निवृत नहीं किया। वस्तुतः मैंने सारा बोझ बाबा पर ही डाल रखा है, अतः वे स्वयं ही मेरी आवश्यकताएँ पूरी कर देते हैं।

(4) बाबा ने आधी रात में ताँगा भेजा!

बम्बई के निकट थाना के निवासी श्री अब्दुल रहीम शम्सुद्दीन राँगडी सन् 1913 में अपनी पत्नी की चिकित्सा के लिए शिरडी गए थे तो उन्हें अनेक विचित्र अनुभव हुए जो निम्नलिखित हैं—

"जब सन् 1913 में सर्वत्र प्लेग फैला हुआ था तो मेरी पत्नी भी रोगग्रस्त हो गई थी। वह लगभग एक महीने से बीमार थी। उसके गले की गाँठ सूजन के कारण इतनी फूल गई थी कि वह कुछ भी खाने-पीने में असमर्थ थीं। उसे कितनी ही औषधियाँ दीं किंतु उनसे कोई लाभ नहीं हुआ। ऐसी स्थिति में मेरे पड़ोसी एडवोकेट श्री आर०जी० गुप्त ने मुझे परामर्श दिया कि यदि मैं अपनी पत्नी को शिरडी ले जाऊँ तो बाबा उसे स्वस्थ कर देंगे। अतः हम शिरडी के लिए चले। अभी हम अगले स्टेशन इगतपुरी ही पहुँचे थे कि मेरी पत्नी चाय लेने में समर्थ हो गई। इससे हमें आशा हुई कि वह बाबा की कृपा से ठीक हो जायेगी।

शिरडी में जाकर बाबा से भेंट की। मैंने पत्नी को मस्जिद में ले जाकर बाबा के चरण-स्पर्श करवाये। बाबा ने कहा—"खुदा अच्छा करेगा!" बाबा

ने मेरे से कोई दक्षिणा या भेंट नहीं माँगी किंतु मैंने स्वतः ही सवा रुपया भेंट किया। बाबा ने स्वीकार कर लिया तथा मुझे विभूति दी। मैं उसके बाद दो घंटे और रहा। उसकी सूजन तेजी से कम होती जा रही थी इसलिए तुरंत ही बाबा की अनुमति लिये बिना ही वापस लौटने के लिए रवाना हो गये। बाबा ने मुझे ठहरने के लिए कहा था किंतु मैंने सोचा कि अनजान जगह में अधिक ठहरना ठीक नहीं होगा। हमारे साथ में हमारा दो वर्ष का बच्चा भी था।

हम कोपरगाँव से ताँगा लेकर चले। आधी दूर तक तो हम बिना किसी बाधा के चले गये। किंतु उसके बाद ताँगे की खूँटी टूट गई जिससे उसका पहिया निकल कर सड़क पर गिर गया। रात के दस बजे थे। कोई वाहन उपलब्ध नहीं था। सड़क बिल्कुल सुनसान थी। ऐसी स्थिति में हमारे साथ कुछ भी हो सकता था। बाबा के कथन की उपेक्षा करके चले आने का भारी पछतावा हुआ।

लगभग दो घंटे बाद अर्द्ध रात्रि में उधर से कोई अन्य ताँगा निकला जो 'थानावाला' 'थानावाला' के नाम से हमें पुकार रहा था। हमने उससे कहा कि हम ही 'थानावाले' हैं। मैंने पूछा कि तुम्हें हमारी हालत का कैसे पता चला तथा हमें क्यों पुकार रहे हो? उसने उत्तर दिया, "साईं बाबा ने मुझे तुम्हें वापस शिरडी ले जाने के लिए भेजा है।" हम ताँगे में बैठ गये तथा रात्रि दो बजे शिरडी पहुँचे। बाबा ने हमें मस्जिद के पास ही सोने की जगह दे दी।

प्रातःकाल बाबा भिक्षा के लिए गये और भिक्षा में प्राप्त भोजन हमें भी खाने के लिए दे दिया। मेरी पत्नी अब (सॉलिड) भोजन भी खाने के योग्य हो गई थी। उसके पश्चात् बाबा ने हमें कहा—"अब जाओ।" हमने जाने के लिए ताँगा खोजा किंतु कोई ताँगा नहीं मिला। हमने लौटकर बाबा से बताया तो बाबा ने उत्तर दिया, "जाओ, देखो वहाँ एक ताँगा खड़ा है।" हमें आश्चर्य है कि वहाँ ताँगा मौजूद था जबकि पहले हमने सब जगह देख लिया था पर कहीं कोई ताँगा नहीं था। अब एक और आश्चर्य हुआ—मेरी पत्नी पूर्णतः स्वस्थ हो गयी।

मेरा शिरडी जाने का यही एक अवसर था किंतु इससे मेरा बाबा में दृढ़ विश्वास हो गया था। प्रत्येक रात्रि सोने से पूर्व मैं उनका स्मरण करता हूँ। जब भी मैं गहराई से उनका चिंतन करता हूँ तो वे मुझे दिखाई भी देते हैं।

(5) मैं तो कसाई के दरवाजे पर बँधा हुआ हूँ!

शिरडी निवासी भैय्या जी अप्पा पटेल (जन्म सन् 1889 ई०) ने बाबा के सम्बन्ध में अपने अनुभवों पर प्रकाश डालते हुए कहा है—"मैं बाबा को अपने बचपन से ही जानता हूँ क्योंकि मेरा घर वहीं स्थित है जहाँ बाबा भिक्षा लेने आया करते थे। हमारे यहाँ भी बाबा भिक्षा लेने आया करते थे तथा मेरी ग्यारह वर्ष की आयु से प्रायः मैं ही उन्हें भिक्षा दिया करता था–अतः मुझे यह भी स्मरण है कि पहले बाबा दिन में आठ बार, फिर कुछ वर्षों तक चार बार और फिर केवल दो बार ही भिक्षा लेने आते थे तथा अन्तिम दिनों में केवल एक बार ही आने लगे। इस प्रकार उनका भिक्षा का क्रम धीरे-धीरे कम होता गया।"

बाबा के एक भक्त श्री अप्पा कुलकर्णी बाबा की कृपा से एक झूठे आरोप से मुक्त हो गये थे। अतः इसके लिए बाबा के प्रति कृतज्ञता व्यक्त करने के लिए उन्होंने बाबा की अनुमति लेकर मस्जिद में रामनवमी उर्स का आयोजन करवाया। यह सन् 1896 की बात है जबकि पहली बार यह आयोजन हुआ किंतु इसके बाद इसका आयोजन प्रतिवर्ष होने लग गया। इस आयोजन में हिन्दू एवं मुस्लिम–सभी भक्त साथ-साथ भाग लेते थे। यहाँ पर यह भी उल्लेखनीय है कि बाद में हिन्दू भक्त अपने मुस्लिम भाइयों के चंदन का टीका लगाने लगे जिसे वे सहर्ष स्वीकार करते थे। इस तरह बाबा ने हिन्दू-मुस्लिम एकता का एक आदर्श स्थापित किया।

सन् 1902 की एक घटना है जबकि मैं 11 वर्ष की आयु का था। मैं अपने पशुओं को छोड़ने के लिए बाहर जाने वाला था कि बाबा ने एकाएक मुझे जाने से रोक लिया। उसी समय वे एकाएक क्रुद्ध हो गये और हाथ ऊपर उठाकर बम-बम बोलने लग गये जो इस बात का सूचक था कि कोई

अनिष्ट हो रहा है। बाद में पता चला कि उसी समय हमारे एक निकट सम्बंधी की मृत्यु हो गयी थी। वह तीस वर्ष का था।

बाबा ने अपने जीवन के अंतिम चौदह वर्षों में नियमित रूप से मुझे प्रतिदिन चार रुपये दिये। यहाँ तक कि अंतिम दिन भी उन्होंने ऐसा किया। बाबा ने मुझे यह भी निर्देश दिया था कि इन रुपयों को न तो कभी खर्च करना और न ही किसी और को देना। इसलिए मैं इन सारे रुपयों से केवल जमीन खरीदता रहा। मैंने कुल चौरासी एकड़ जमीन बाबा के रुपयों से खरीदी।

बाबा ने कई बार मुझे भविष्य के अनिष्ट की सूचनाएँ देकर संकट से बचाया। मेरी खेती के बारे में भी बाबा कई बार अग्रिम निर्देश देते रहते थे। उन दिनों लोग गन्ना लगाने के पीछे पड़े हुए थे अतः मैं भी ऐसा ही करना चाहता था। बाबा ने मुझे मना किया किंतु मैं अपने आपको रोक नहीं सका। परिणामस्वरूप मुझे उस वर्ष कृषि से 300 रुपये की हानि हुई।

इसी प्रकार 1913 में मेरे पिताजी, जो कि सत्तर वर्ष के हो चुके थे, घोड़े पर बैठकर कहीं गये थे। जब लौटे तो उन्हें लकवा हो गया था। मैं बाबा के पास गया और उनसे विभूति माँगी। बाबा ने कहा—"अल्लाह मालिक है", मैं रोता हुआ वापस आ गया। तीसरे दिन कार्तिक शुक्ल एकादशी रविवार को मेरे पिताजी की मृत्यु हो गयी। जब मैं बहुत दुःखी हुआ तो बाबा ने मुझे कहा—"अरे! दुःखी क्यों होता है, वह पाँच महीने में वापस आ रहा है।" वस्तुतः पाँच महीने बाद ही मुझे पुत्र की प्राप्ति हुई।

मैं प्रायः बाबा की मालिश किया करता था। मालिश के बाद सर्दियों में उन्हें उठाकर अँगीठी के पास बिठा दिया करता था। इस बात का मुझे घमण्ड हो गया था कि मैं इतना शक्तिशाली हूँ। मैं अपने आपको भीम जैसा पहलवान समझने लग गया था किंतु बाबा किसी के भी गर्व और अहंकार को बहुत बढ़ने नहीं देते। अतः एक दिन जब मैं मालिश के बाद उन्हें उठाने लगा तो मेरी सारी शक्ति के बावजूद मैं उन्हें नहीं उठा पाया। इस पर बाबा हँस पड़े और बोले कि कभी अपने आप पर घमण्ड मत करो।

बाबा के निधन के समय मैं उनके पास ही था। उन्होंने शरीर त्यागने से पूर्व मुझे गुप्त रूप में बात कही थी—"मी जातों मेरेकु बाडाकु उचंलूदे सगले ब्राह्मणा, माजूया जबतुर तहा तीलु" अर्थात्—"मैं जा रहा हूँ। मुझे बाड़े में ले जाना। सारे ब्राह्मण मेरे चारों ओर रहेंगे।" ये उनके अंतिम शब्द थे। उनके द्वारा इन शब्दों के उच्चारण के पश्चात् नाना निमोनकर ने उनके मुँह में थोड़ा पानी डाला किंतु वह बाहर आ गया। मैंने अपना हाथ बाबा की ठोड़ी के नीचे उस पानी को समेटने के लिए लगा रहा था कि बाबा लुढ़क कर मेरी ओर गिर पड़े और प्राण त्याग दिये।

बाबा के निधन के तुरंत पश्चात् कई तरह के झंझट खड़े हो गये। कुछ सरकारी अधिकारी तुरंत वहाँ पहुँच गये थे। बाबा के हिन्दू और मुस्लिम अनुयायी ने इस बात को लेकर विवाद खड़ा किया कि उनके शव को कहाँ दफनाया जाये। हम हिन्दू लोग उन्हें बाबा की अंतिम इच्छा के अनुसार डागड़ी बाड़ा में दफनाना चाहते थे जबकि मुस्लिम अनुयायी एक अलग इमारत बनवाना चाहते थे। इस विवाद को सुलझाने के लिए कोपरगाँव के मामलातदार मि० कुलकर्णी तथा राहाता के फौजदार ध्रुव नारायण भी वहाँ आ गये थे। मामलातदार ने निर्णय किया कि इस विषय में लोगों का मत जाना जाये। अतः एक सूची लगभग सौ मुस्लिम भक्तों के द्वारा हस्ताक्षर युक्त प्रस्तुत की गयी जिसमें बाबा को अलग इमारत में दफनाने का विचार का समर्थन किया गया। दूसरी सूची हम लोगों ने तैयार की जिसमें लगभग दो सौ लोगों के हस्ताक्षर थे। अतः हमारे बहुमत को देखते हुए बाबा को डागड़ी बाड़ा में ही दफनाने का निर्णय लिया गया।

निधन के पश्चात् भी बाबा समय-समय पर भिन्न-भिन्न प्रकार से निर्देश देते रहते हैं। चार वर्ष पूर्व सन् 1932 में बाबा स्वप्न में आये और उन्होंने एक महत्वपूर्ण बात बताई। शिरडी में एक साँड बहुत पहले भगवान शिव के नाम पर छोड़ा गया था किंतु आगे चलकर यह साँड बगीचों को नष्ट करने लग गया। जब इसका उपद्रव काफी बढ़ गया तो हम लोगों ने तीन रुपया चंदा इकट्ठा किया और उसे येओल पिंजरापोल में भिजवाने की व्यवस्था की। हमने भिक्षु मारवाड़ी को तीन रुपये देकर यह कार्य सौंपा। वह मारवाड़ी

उस साँड को लेकर गया और लौटकर आया तो उसने कहा साँड को पिंजरापोल में छोड़ दिया है। उसके एक-दो दिन बाद ही रात्रि में बाबा मेरे स्वप्न में आये और बोले—"क्या सो रहे हो? मुझे तो कसाई के दरवाजे पर बाँध दिया है।" जब मैं जागा तो उनके वाक्य के अर्थ पर विचार किया। मैंने तात्या पटेल और दूसरे लोगों से भी विचार-विमर्श किया और हम इसी निष्कर्ष पर पहुँचे कि साँड को पिंजरापोल पर न छोड़कर किसी कसाई को दिया गया है। अतः मैं तुरंत साँड को खोजता हुआ येओल पहुँचा और वहाँ के दोनों पिंजरापोलों में देखा किंतु साँड वहाँ नहीं था। फिर मैंने कसाइयों के घरों के आस-पास चक्कर लगाये। मुझे एक कसाई के घर में से हमारा साँड अपना सिर उठाये दिखाई पड़ा। मैं तुरंत कसाई के पास पहुँचा। कसाई ने बताया कि उसने यह साँड भिक्षु मारवाड़ी से 14 रुपये में खरीदा है और वह उसका आज ही वध करने वाला था। मैंने उसके रुपये चुकाकर साँड को मुक्त करवा लिया और उसे पिंजरापोल में छोड़ दिया। भिक्षु मारवाड़ी के विरुद्ध शिकायत की गयी और बाद में दो महीने की सजा हुई। "इस प्रकार हम देखते हैं कि बाबा न केवल मनुष्यों का अपितु पशुओं का भी ध्यान रखते हैं।"

वस्तुतः भैयाजी अप्पाजी पटेल के उपर्युक्त अनुभवों से हमें बाबा के व्यक्तित्व, उनकी भिक्षावृत्ति, उनके आश्रम के कार्यक्रम, उनकी भक्त वत्सलता, उनके अंतिम निर्देश तथा महासमाधि के बाद की कतिपय घटनाओं आदि की प्रामाणिक जानकारी प्राप्त होती है। बाबा आज भी समय-समय पर अपने भक्तों को स्वप्न में किस प्रकार निर्देश देते रहते हैं–इसका भी बोध इनसे होता है।

(6) बाबा अन्तर्यामी थे!

पूना के इंजिनियरिंग कालेज के प्रोफेसर श्री जी०जी० नारके को बाबा के सान्निध्य में रहने का सौभाग्य प्राप्त हुआ था। उनके कुछ अनुभव निम्नलिखित हैं—

"मैंने साईं बाबा को अपने घर के देवताओं में प्रतिष्ठित कर रखा है जिनकी हम रोज पूजा करते हैं। मेरे माता-पिता व सास-ससुर इन्हें भगवान

का अवतार मानते हैं। अप्रैल सन् 1913 में मैं पहली बार शिरडी गया। जब श्री माधव राव देशपांडे ने बाबा से मेरा परिचय कराया तो बाबा बोले, "तुम परिचय करवा रहे हो? इसे तो मैं पिछली तीस पीढ़ियों से जानता हूँ।" बाबा ने मेरी तरफ देखा और उनकी नजर मेरे आर-पार हो गई। मैं उस नजर को नहीं भूल सकूँगा। मैं उनकी सेवा, पूजा-आरती में करता था। एक दिन बिना किसी कारण के बाबा आवेश में आकर मुझे गालियाँ देने लगे। क्षण भर के लिए मुझे लगा कि बाबा पागल हो गए। मैं कुछ भी नहीं बोला। दोपहर में मैं जब उनके पैर दबा रहा था तो वे मेरे सिर पर हल्की सी चपत लगाते हुए बोले—"मैं पागल नहीं हूँ।" इस प्रकार बाबा मेरे मन की बात जान गये थे। वस्तुतः मन की सूक्ष्म से सूक्ष्म अनुभूति भी बाबा के लिए अज्ञात नहीं रहती थी। मैं तब से उन्हें अंतर्यामी मानने लग गया।"

वस्तुतः बाबा कभी-कभी अपने भक्तों के साथ जो कठोर व्यवहार करते थे या उन्हें अपशब्द कहते थे तो उसका कारण समझना कठिन है किंतु वे सामान्यतः अपने भक्त को कोई दोष या पाप दूर करने के लिए तथा किसी भावी अनिष्ट से उसे बचाने के लिए ही संभवतः ऐसा करते थे। एक बार उन्होंने अपने एक भक्त को स्वप्न में बुरी तरह पीटकर उसे पिछले जन्म के किसी पाप से मुक्त किया था। अतः इस रहस्य को सब लोग नहीं जान पाते।

(7) मुझे विष्णु भगवान ने साईं के पास भेजा!

राजा बहादुर चिन्ना साहब साईं बाबा के व्यक्तिगत सम्पर्क में आए थे। उन्हें धीरे-धीरे बाबा पर दृढ़ विश्वास हो गया। वे अब उन्हें सृष्टि का रचयिता, पालक एवं संहारक मानते हैं। यह विश्वास उन्हें बाबा की महासमाधि से पूर्व ही हो गया था। यद्यपि बाबा संसार से विदा हो गए हैं किंतु उनके लिए वे अब भी विद्यमान हैं। उन्होंने अपने अनुभवों पर प्रकाश डालते हुए बताया है कि पहले हमारे परिवार में दुर्गा की पूजा होती थी, आगे चलकर नारायण व विष्णु का ध्यान करने लग गया। एक बार मैं ध्यान कर रहा था तो मुझे एकाएक विष्णु भगवान की आकृति दिखाई दी। थोड़ी देर बाद मुझे पुनः विष्णु भगवान दिखाई दिए और उनके पास एक और व्यक्ति दिखाई दिया। विष्णु भगवान ने उस व्यक्ति की ओर संकेत करते हुए

कहा—'ये शिरडी के साईं बाबा हैं। ये तुम्हारे आदमी हैं। तुम इनका आश्रय लो।'' इसके थोड़ी देर बाद मुझे ऐसा लगा कि मानो मैं हवा में उड़ता हुआ एक गाँव में पहुँच गया हूँ। वहाँ जाकर मैंने एक व्यक्ति से पूछा कि यह कौन सा गाँव है? तो उसने उत्तर दिया—''शिरडी है।'' मैं उसके पश्चात् साईं बाबा के पास पहुँच गया और उनके चरणों में सिर रखा किंतु बाबा ने कहा, ''अरे यह क्या करते हो? मैं तो तुम्हारा ऋणी हूँ'' और यह कहकर बाबा ने भी मेरे चरणों में अपना सिर रख दिया। इसके पश्चात् हम दोनों एक दूसरे से अलग हो गए। इस प्रकार शिरडी साईं बाबा से मेरी पहली भेंट स्वप्न में हुई। किंतु इससे मैं बाबा की ओर आकर्षित हुआ। तदनंतर मैं पहली बार शिरडी गया। बाबा से मिलकर उनसे बहुत प्रभावित हुआ। उन्हें मैं अपना गुरु मानने लग गया।

इसके अनंतर राजा साहब समय-समय पर शिरडी जाते रहे। बाबा के प्रति उनका सम्बन्ध दिन-प्रतिदिन गहरा होता गया। एक बार बाबा ने प्रसन्न होकर उनसे कहा, ''कुछ माँगो, जो चाहो मैं दे सकता हूँ।'' किंतु उन्होंने उनसे यही कहा—''मुझे और कुछ नहीं चाहिए एक ही इच्छा है कि मेरा आपसे सम्बन्ध कभी न टूटे। मैं जन्म जन्मांतरों तक भी आपके साथ रहूँ।''

जब राजा साहब के एक बेटे की मृत्यु हो गयी तो स्वप्न में बाबा आए और बोले—''तुम क्या चाहते हो? चाहो तो तुम्हारा बेटा जीवित हो सकता है किंतु फिर मैं तुम्हारे पास नहीं रहूँगा। अतः तुम अपने बेटे और मेरे में से किसी एक को चुन लो।'' राजा साहब ने उत्तर दिया कि मैं आपको चाहता हूँ। इससे ज्ञात होता है कि राजा साहब की बाबा पर कितनी आस्था थी।

राजा साहब ने सदा बाबा के सूक्ष्म स्वरूप एवं उनकी दिव्यता को ही सर्वोपरि महत्व दिया, इसीलिए उनके महासमाधि लेने के बाद भी वे यही कहते थे कि मेरे लिए अब भी बाबा उसी प्रकार विद्यमान है जिस प्रकार पहले थे। उनका दिव्य स्वरूप अजर एवं अमर है।

(8) 'मैं तांत्रिक से भक्त बन गया!'

श्री कुश भव उर्फ कृष्ण जी ने बाबा के सम्बन्ध में अपने अनुभव बताते हुए कहा कि वे पहले दत्ता महाराज के शिष्य थे और उनसे उन्होंने योगासन,

प्राणायाम, कुण्डलिनी जागृत करने की विधि सीखी। उन्हें इसी से संतोष नहीं हुआ और बाद में उन्होंने मंत्र-तंत्र विद्या सीखकर कई सिद्धियाँ अर्जित कीं। किंतु जब वे 22 वर्ष के थे तो उनके गुरु संसार छोड़कर चले गये। जाने से पहले उन्होंने इन्हें निर्देश दिया—"मेरे बाद शिरडी के साईं बाबा के पास चले जाओ, वे मेरे बड़े भाई हैं।" अतः वे सन् 1908 में शिरडी चले गये। किंतु साईं बाबा ने उन्हें निर्देश दिया कि तुम अपना तंत्र-मंत्र (तांत्रिक कार्य) छोड़ दो और मस्जिद में बैठकर 'दासबोध' पढ़ो। उन्होंने ऐसा ही किया।

वे शिरडी में पहली बार गये तो पूरे तीन वर्ष रहे जिनमें उन्होंने बाबा से बहुत कुछ सीखा और प्राप्त किया। पहले कृष्ण जी अपने तंत्र-मंत्र से लोगों की बीमारियाँ दूर कर देते थे किंतु वह सब कुछ उन्होंने छोड़ दिया था। किंतु एक दिन बाबा ने इनकी दृढ़ निष्ठा पर प्रसन्न होकर इन्हें एक वरदान दिया—"अब तुम जब भी चाहोगे तो तुम्हारी हथेली में मेरी विभूति आ जायेगी।" तब से ऐसा ही होने लग गया। उस विभूति से वे लोगों को कई प्रकार के कष्टों व रोगों से मुक्त करने लग गये। यहाँ तक कि इससे भूत-प्रेत का प्रभाव भी दूर हो जाता है। इस विभूति को प्राप्त करने के लिए इन्हें कुछ भी प्रयास नहीं करना पड़ता–केवल बाबा का ध्यान करके हथेली बंद करते ही उसमें पर्याप्त मात्रा में विभूति स्वतः आ जाती है।

इस प्रकार बाबा ने इनके जीवन की दिशा बदल दी। वे तांत्रिक से भक्त बन गये।

(9) 'मुझे समाधि में से संगीत सुनाई देता है!'

श्री नागेश्वर ने बाबा के सम्बन्ध में अपने अनुभव बताते हुए इस तथ्य पर प्रकाश डाला है कि बाबा किस प्रकार मछलियों को न पकड़ने का निर्देश देते हैं—"सन् 1929 में मैं दो माह की छुट्टी लेकर घर गया हुआ था। मेरे पिताजी मछलियाँ पकड़ने के लिए मुझे अपने साथ ले गये। मेरे बार-बार विरोध करने के बावजूद भी उन्होंने मछलियाँ पकड़ीं और मुझे कहा कि "इन्हें घर ले जाकर पकाना।" मैंने अपनी माँ को समझाया कि यह कार्य बाबा के सिद्धांतों के विरुद्ध है इसलिए छोड़ दो। किंतु मेरी बात किसी ने नहीं मानी। इसी बीच मेरे जोर का बुखार चढ़ा तो मैंने पुनः घरवालों से

अनुरोध किया कि यदि वे मुझे स्वस्थ देखना चाहते हैं तो मछली पकड़ना छोड़ दें। जब किसी भी तरह स्वस्थ नहीं हुआ तो मेरे पिताजी मेरे पास आये और मेरे सिर पर बाबा की विभूति लगाकर प्रार्थना की तथा यह संकल्प लिया कि यदि यह स्वस्थ हो जाय तो वे सदा के लिए मछली पकड़ना छोड़ देंगे। पाँच मिनट में ही मेरा बुखार उतर गया।''

सन् 1931 के लगभग मैंने नवलकर वाड़ा में कमरा लिया। उसकी दीवारों में बड़ी चौड़ी तरेड़ें थीं जिनमें बहुतायत से बिच्छू थे। किसी भी समय दीवारें गिर सकती थीं। लोगों ने कहा मकान में खतरा है। मैं दो दिन ठहरा। फिर बम्बई चला गया। वहाँ मुझे पत्र मिला कि मेरे मकान छोड़ते ही दीवारें गिर गयीं। शिरडी में मेरी टोपी में एक बिच्छू था। मैंने बिना देखे ही टोपी सिर पर रख ली और बम्बई चला गया और 12 घण्टे बाद टोपी उतारी तो उसमें वह बिच्छू बैठा था। उसने मुझे काटा नहीं। कुछ वर्ष पूर्व मैं शिरडी में बाबा की समाधि के पास कमरे में लेटा हुआ था कि समाधि में से मुझे संगीत सुनाई दिया।

इस प्रकार श्री नागेश्वर को समय-समय पर अनेक अनुभव हुए हैं जिनसे बाबा की महिमा का बोध होता है।

(10) पक्षाघात दूर हो गया

शिरडी-निवासी श्री सगुण मेरू ने अपने अनुभवों की चर्चा करते हुए कहा—''मैं शिरडी पहली बार 1911-12 में गया था। उससे पूर्व मैं हुबली के सिद्ध सूद्र महाराज के पास गया था तथा वहाँ से होता हुआ जब साईं बाबा के पास गया तो वे मेरे कहे बिना ही जान गये कि मैं कहाँ से आ रहा हूँ। अतः वे मेरे से बोले—''अरे भाई! तुम तो मोटे (बड़े) दरबार से आ रहे हो।'' शिरडी से वापस लौटने के लिए जब मैंने बाबा से अनुमति माँगी तो वे बोले—''यहीं रहकर कोई काम करो, ईश्वर तुम्हें बरकत देगा।'' मैंने उनकी बात मानकर यहीं एक चाय नाश्ते की दुकान खोल ली और साथ ही मैं बाबा की तस्वीरें, आरती की पुस्तकें आदि सामान रखने लग गया। मैंने बाबा से पुनः प्रार्थना की कि वे मेरी रक्षा करें। उन्होंने आश्वासन दिया कि

'रक्षा करूँगा।' मैं अपने काम के अतिरिक्त बाबा की थोड़ी सेवा भी करता रहता था : जैसे—मस्जिद के दीपक में तेल डाल देना आदि।"

बाबा की शक्तियों के मैंने कई प्रमाण देखे हैं। मेरे साथ ही हैदराबाद से एक व्यक्ति आया था जो कि साईं भक्त था। वह अपने साथ अपनी बेटी को लाया था जिसके लकवा हो गया था। लकवे के कारण वह अपने पैरों से न तो खड़ी हो सकती थी और न ही चल सकती थी। वह केवल जमीन पर लेट-लेटकर ही अपने हाथों के बल पर खिसकती हुई आगे बढ़ सकती थी इसलिए उसे बाबा के सम्मुख गोद में उठाकर ही ले जाया जा सका। किंतु बाबा की कृपा से वह तीन दिन में ही इतनी ठीक हो गयी कि अपने पैरों को थोड़ा-थोड़ा चलाने लग गयी। आठवें दिन तो वह पूरी तरह से चलने-फिरने लग गयी।

इसी प्रकार जी०आई०पी० रेलवे के एक अधिकारी श्री गैसास की पत्नी भी यहाँ आई थी जो कि लकवे से ग्रस्त थी। वह भी बाबा की कृपा से कुछ दिनों में ही ठीक हो गयी। वस्तुतः बाबा दिव्य शक्तियों से संपन्न थे–इसमें कोई संदेह नहीं।

(11) 'मुझे दिन में चाँद दिखाई दिया !'

श्री अब्दुल सन् 1889 में नादेड़ (खान देश) से शिरडी आये थे तथा उसके पश्चात् वे बाबा के अंतिम दिन तक उनकी सेवा करते रहे। इस प्रकार उन्होंने लगभग 28 वर्ष तक बाबा के सान्निध्य में रहने का सौभाग्य प्राप्त किया। उन्होंने बाबा के सम्बन्ध में अनेक महत्वपूर्ण अनुभव बताये हैं, जिनमें से कुछ यहाँ प्रस्तुत हैं।

"सन् 1889 में मैं नादेड़ से शिरडी आया था। उससे पहले मैं फकीर अमीरुद्दीन के संरक्षण में था। साईं बाबा ने फकीर को स्वप्न में दो आम दिये और निर्देश दिया कि 'वे मुझे आम देकर शिरडी भेज दें।' फकीर ने ऐसा ही किया।

जब मैं यहाँ आया तो 20 वर्ष का था। बाबा ने मेरा स्वागत करते हुए कहा—'मेरा कौआ आ गया है।' बाबा ने मुझे पूरी तरह उनकी सेवा में लगने

का निर्देश दिया। मैं आरंभ से ही मस्जिद में पाँच दीपक नियमित रूप से जलाया करता था। बाबा प्रायः रात्रि में लेंडी में एक स्थान पर दीपक के पास इस तरह बैठ जाते थे कि जिससे दूसरे लोगों को दीपक दिखाई नहीं दे। साथ ही वे अपने पास दो बर्तनों में पानी भरवा कर रख लेते थे तथा बीच-बीच में थोड़ा पानी लेकर विभिन्न दिशाओं में फेंकते रहते थे। इसके साथ वे कोई मंत्र पढ़ते थे या नहीं–इसका मुझे पता नहीं है और न ही मुझे इस बात का पता है कि वे ऐसा क्यों करते थे।

मैं बाबा को प्रायः कुरान सुनाया करता था। बाबा कई बार स्वयं भी कुरान के उद्धरण सुनाया करते थे। बाबा जो कुछ बोलते थे मैं उसे बराबर नोट करता रहता था। बाबा के द्वारा कही गई प्रत्येक बात मेरी पुस्तक में अंकित है। मैं इस पुस्तक का उपयोग कई प्रकार से करता हूँ। जब भी कोई व्यक्ति मुझसे कोई प्रश्न करता है या अपने भविष्य के बारे में जानना चाहता है अथवा किसी समस्या का समाधान करना चाहता है तो मैं बाबा की इस पुस्तक को खोलता हूँ तथा जो भी पृष्ठ उसका खुलता है, वहीं उसका सही उत्तर होता है। इसके बहुत से प्रमाण हैं। जब साईं बाबा मंदिर में कुँआ खोदा गया तो पहले खारा पानी आया। मैंने बाबा की पुस्तक का सहारा लिया तो उत्तर मिला–थोड़ा और गहरा खोदो तो मीठा पानी प्राप्त होगा। दो फुट और खोदने पर मीठा पानी आने लगा।

इसी प्रकार बैरिस्टर गाडगिल ने पूछा कि उनका बेटा इंग्लैण्ड से लौटेगा या नहीं? मैंने अपनी पुस्तक के माध्यम से उत्तर दिया कि वह लौटेगा और बाद में ऐसा ही हुआ।

अब्दुल की इस पुस्तक में बाबा के द्वारा समय-समय पर कही हुई अनेक महत्वपूर्ण बाते हैं। इसमें विभिन्न अवतारों एवं पैगम्बरों का भी उल्लेख है। सृष्टि के विकास-क्रम के सम्बन्ध में भी एक दीर्घ नामावली दी गई है, जिसमें क्रमशः एक सौ से भी अधिक नाम आते हैं। इसका आरंभ इस प्रकार हुआ है—'पहले ओंकार, फिर भवाकार, भवाकार से आद, आद से अलेक (संभवतः 'अलख') अलेक से निरंजन—……।' इस प्रकार अंत में मत्स्य, कच्छ, वराह, नृसिंह, वामन, परशुराम, कृष्ण आदि अवतारों का उल्लेख है। संभवतः संस्कृत-ज्ञान के अभाव में अब्दुल इन्हें शुद्ध रूप में लिपिबद्ध नहीं

कर पाया। किंतु संभव है कि इसमें बाबा के द्वारा दिये गये कुछ महत्वपूर्ण संकेत हों जिन्हें शोध के द्वारा स्पष्ट किया जा सकता है।

अब्दुल ने आगे बताया है—"मैं नित्य दो बार स्नान करता हूँ। मैं बाबा की सेवा में व्यस्त रहता था। बाबा ने मुझे तीन शिक्षाएँ दीं—(1) कम खाओ। (2) भिन्न-भिन्न प्रकार के पदार्थ मत खाओ। और (3) अधिक मत खाओ। एक बार में एक ही प्रकार का भोजन खाओ आदि। मैं बाबा के निर्देशानुसार बहुत कम खाता था।

रात्रि भर जगकर प्रायः कुरान पढ़ता रहता था। एक रात मैं थका हुआ था, अतः मैं अपने हाथ आगे बंद करके सिर का सहारा लिये सो रहा था तब बाबा ने कहा—"क्या तुम हाथ में चाँद देखने की कोशिश कर रहे हो?" उस रात मैं निद्रितावस्था में बाबा पर गिर पड़ा। तब बाबा ने हल्के से मेरे पैर को थपथपाकर मुझे जगाया। अगले दिन जब मैंने अपनी हथेली में पानी लिया तो उसमें बहुत बड़ा चाँद दिखाई दिया। यह दिन के दो बजे की बात है।"

(12) 'बाबा आज भी प्रत्येक स्थान पर विद्यमान हैं!'

श्री पूरणधरे ने बाबा के सम्बन्ध में अपने संस्मरण सुनाते हुए कहा—"मैंने पहली बार सन् 1909 में बाबा का नाम सुना तथा उनकी ओर आकर्षित हुआ। इसके पश्चात् बाबा ने मुझे स्वप्न में दर्शन दिये और शिरडी आने का निर्देश दिया।

यद्यपि उस समय मेरी सबसे बड़ी लड़की बीमार थी, अतः शिरडी जाने में कुछ कठिनाई थी किंतु मैं इससे घबराया नहीं तथा अपनी बीमार लड़की, पत्नी एवं माँ को साथ लेकर शिरडी चला गया। बाबा मुझसे बहुत प्रेम से मिले और मेरी माँ को सम्बोधित करके कहा—"तुम्हारे बेटे से मेरा सात सौ वर्षों का सम्बन्ध है। मैं इसे रोज याद करता हूँ। यदि यह मुझसे 2000 मील दूर भी चला जाय तो भी मैं इसे याद रखूँगा।"

मेरी लड़की वहाँ जाने के तीसरे दिन ही ठीक हो गई। उसके पश्चात् बाबा ने मुझे कई दिनों तक घर लौटने की अनुमति नहीं दी। तेरह दिन वहाँ रहने के बाद हम लोग बाबा की अनुमति से घर लौटे।

एक बार मेरी पत्नी को हैजा हो गया था तथा डाक्टरों ने उसके बचने की आशा छोड़ दी थी किंतु मुझे अपने घर में ही पूजा-स्थल के समीप बाबा दिखाई दिये और उन्होंने निर्देश दिया कि इसे (मेरी पत्नी को) विभूति और अभिषेक जल दो। मैंने वैसा ही किया तो वह स्वस्थ हो गयी।

बाबा से भेंट होने से पूर्व मैं विष्णु भगवान की आराधना किया करता था। बाबा ने मुझे कहा अपनी पिछली आराधना (उपासना) जारी रखो। बाबा कई बार मुझसे दो रुपये दक्षिणा के भी माँगते थे। एक बार मैंने पूछा—किसलिये? तो बाबा ने उत्तर दिया कि "दो रुपये से मेरा आशय दो बातों से है; निष्ठा एवं दूसरी–धैर्य। मैं तुमसे यही चाहता हूँ। तुम दृढ़ निष्ठा रखो,: अपने सारे संकल्प जो भी किये हैं, पूरे करो। हमेशा सत्य के मार्ग पर दृढ़ रहो–यदि तुम ऐसा करते हो तो मैं सदैव तुम्हारे साथ रहूँगा चाहे तुम कहीं भी हो।" मैंने बाबा को ऐसा ही करने का वचन दिया।

बाबा अपने भक्तों की सांसारिक आवश्यकताओं का भी ध्यान रखते थे। मैं किराये के मकान में रहता था–बम्बई में मेरा कोई मकान नहीं था। अतः बाबा ने एक दिन कहा—"मकान खरीदो।" यद्यपि मैं 35 रुपये मासिक पाने वाला कर्मचारी था किंतु बाबा पर विश्वास करके मैंने तुरंत एक प्लाट खरीद लिया जिस पर तीन वर्ष बाद मकान भी बन गया। यह मकान बिल्कुल एकांत में पड़ता था, इसलिए हम लोग इसमें रहने से डरते थे किंतु बाबा ने कहा—"डरो मत, मैं स्वयं वहाँ सदा विद्यमान रहूँगा और तुम्हारी व तुम्हारे परिवार की रक्षा करूँगा।" अतः मैं अपनी पत्नी के साथ वहाँ रहने लग गया।

बाबा मुझे तथा अन्य कई लोगों को प्रायः कहा करते थे—"यदि कोई व्यक्ति तुम्हें गाली दे या पीटे तो भी तुम उससे झगड़ा मत करो। तुमसे सहन नहीं होता हो तो एक-दो शब्द कहकर अन्यत्र चले जाओ किंतु उससे झगड़ो मत। इस बात का पूरा ध्यान रखो कि जब भी तुम किसी से झगड़ते हो तो मुझे (बाबा को) बहुत दुःख होता है।" इससे स्पष्ट है कि बाबा अपने भक्तों का किसी से भी लड़ना-झगड़ना सहन नहीं करते।

महासमाधि लेने के पन्द्रह दिन पूर्व बाबा मुझे मस्जिद के पास ले गए और कहा—"मेरे बाद मेरी कब्र बोलेगी, मेरा नाम बोलेगा, मेरी मिट्टी

बोलेगी और तुम्हारे प्रश्नों का जवाब देगी।" ऐसा कहकर उन्होंने मुझे और बाबा दीक्षित को बंबई भेज दिया। जाने से पहले दीक्षित से कहा—"मैं आगे जाऊँगा और तुम पीछे।" उस समय हम इसका आशय नहीं समझ सके किंतु बाद में जब उन्होंने शरीर त्याग दिया तो हमें बोध हुआ कि बाबा का आशय मृत्यु से था।

बाबा प्रायः कहा करते थे कि जो व्यक्ति मेरा है, वह यदि हजार मील दूर भी मरेगा तो भी मैं उसे अपने पास बुला लूँगा। यद्यपि उन्होंने कभी 'स्वर्ग' का उल्लेख नहीं किया किंतु मेरा ऐसा विश्वास है कि बाबा के भक्तों की मृत्यु के पश्चात भी सद्गति प्राप्त होती है। बाबा दीक्षित ने भी सन् 1926 में बिना किसी रोग या कष्ट के बाबा का स्मरण करते हुए प्राण त्यागे थे।

मैं एक बार छुट्टी लेकर शिरडी गया। छुट्टियाँ खत्म हो गईं तो मैं आने लगा किंतु बाबा ने आज्ञा नहीं दी। लोगों ने कहा—"इनका अफसर नाराज हो जायगा।" बाबा बोले—"इसका अफसर मैं हूँ।" जब मैं ड्यूटी पर गया तो फोरमैन ने मुझसे स्पष्टीकरण माँगा। मैंने स्पष्टीकरण देने की अपेक्षा अपना त्याग-पत्र प्रस्तुत करना ठीक समझा। जब मेरा त्याग-पत्र स्वीकृति के लिए डिप्टी सुपरिन्टेन्डेन्ट के पास गया तो उसने मुझे बुलाकर पूछा—"कहाँ गये थे।" मैंने उत्तर दिया—"शिरडी" उसने मेरा त्याग-पत्र फाड़ दिया। फोरमैन कुछ न कर सका। छह महीने बाद मेरी पदोन्नति हो गई जिससे वही फोरमैन मेरे अधीन कार्य करने लग गया।

बाबा अपने नियम के पक्के थे। वे अपनी साँस की बीमारी में भी सीढ़ियाँ चढ़कर भी भिक्षा लेने के लिए स्वयं जाते थे–भले ही वे भिक्षा से प्राप्त भोजन अस्वस्थता के कारण स्वयं नहीं खाते थे, उसे दूसरों को बाँट देते थे। भिक्षा को भी वे एक कर्त्तव्य मानते थे। कर्त्तव्य परायणता पर बाबा इतना बल देते हैं, इसलिए वे अपने भक्तों से भी अपेक्षा करते हैं कि वे अपने नियमों एवं संकल्पों पर अडिग रहें।

महासमाधि लेने के बाद भी बाबा निरंतर हमारी सहायता करते हैं। सन् 1932 में रोग के कारण मरणासन्न स्थिति में पहुँच गया था। बचने की कोई आशा नहीं थी। मुझे यमदूत आते हुए दिखाई पड़े। इतने में बाबा मेरे बिस्तर

पर आ गये और मेरा हाथ अपने घुटनों पर रखकर बैठ गये। यमदूतों को आगे बढ़ने की हिम्मत नहीं पड़ी। मैं स्वस्थ हो गया। अतः हमारे लिए बाबा आज भी प्रत्येक क्षण एवं प्रत्येक स्थान में हमारे निकट विद्यमान हैं–ऐसा हम अनुभव करते हैं।''

(13) 'बाबा ने यमदूतों को भगा दिया!'

दादर-निवासी श्री रामचन्द्र वासुदेव घाई सास (जन्म सन् 1878 ई०) ने बाबा से सम्बन्धित अपने अनुभवों का विवरण देते हुए कहा—''मैंने साईं बाबा को स्वयं तो नहीं देखा किंतु काका साहब दीक्षित से उनके बारे में बहुत-कुछ सुना है। मैं मनमाड में आर०एम०एस० (डाक विभाग) में काम करता था। एक बार काका साहब दीक्षित ने मुझसे कहा—''तुम्हें साईं बाबा बुला रहे हैं, शिरडी चलो।'' मैंने उत्तर दिया—''बाबा तो जीवित नहीं हैं। वे कैसे बुला सकते हैं?'' तब उन्होंने कहा—''तुम बाद में समझ जाओगे।'' उन्होंने मुझे बाबा का एक चित्र भी दिया। इसके कुछ समय बाद ही मेरी पत्नी गंभीर रूप से रोग ग्रस्त हो गयी। मैंने बाबा से प्रार्थना करते हुए पूछा कि क्या वह जीवित रहेगी? रात्रि में बाबा का स्वप्न आया जैसे हम नाव में यात्रा कर रहे हैं। पहले तो नाव बहुत डगमगायी किंतु हम किनारे पहुँचे गये। इससे मैंने अनुभव किया कि मेरी पत्नी बच जायेगी। उसी दिन से मेरी पत्नी ठीक होने लगी और अंत में बाबा की कृपा से पूर्णतः स्वस्थ हो गयी।

मेरी नौकरी में पदोन्नति नहीं हो रही थी, अतः मैं बहुत दुःखी था। अतः मैंने बाबा से इसके लिए प्रार्थना की। रात्रि में मुझे स्वप्न में दो व्यक्ति दिखाई दिये जिनमें से एक से मैं बात कर रहा था तो दूसरे व्यक्ति ने उससे कहा— ''इसे जो यह चाहता है वह क्यों नहीं देते। यह तीन कड़े चढ़ायेगा।'' उस व्यक्ति ने उत्तर दिया—''हाँ, दे दिया जायेगा।'' इसके पश्चात् स्वप्न टूट गया। मैंने काका साहब को स्वप्न की बात बताते हुए उसका अर्थ पूछा तो उन्होंने कहा—''वे तीसरे व्यक्ति जिसने तुम्हारी अनुशंसा की बाबा ही थे। बाबा दत्तात्रेय के अवतार हैं—दत्तात्रेय के तीन शरीर हैं; इसीलिए उन्होंने

तीन कड़े चढ़ाने के लिए कहा है।'' मैंने उनके कथनानुसार चाँदी के तीन कड़े बनवाकर बाबा को अर्पित कर दिये। इसके चौथे दिन ही मेरी पदोन्नति हो गई और मुझे सेलेक्शन ग्रेड मिल गया।

मैं कोई आध्यात्मिक पुस्तक पढ़ना चाहता था, किंतु यह निर्णय नहीं कर पाया कि कौन-सी पढ़ूँ? बाबा स्वप्न में आए और बोले—"मुझे 53 की भिक्षा दो।'' मैंने इस स्वप्न का अर्थ श्री डाभोलकर साहब से पूछा तो उन्होंने स्पष्ट किया कि 'गुरु-चरित्र' के 53 अध्याय ही हैं। बाबा ने तुम्हें उसी के अध्ययन का निर्देश दिया है। अतः मैं 'गुरु-चरित्र' का अध्ययन करने लग गया। बीच में एक बार विचार किया कि सब लोग श्री डाभोलकर द्वारा रचित 'साईं सच्चरित्र' का सात दिन तक पारायण करके 'सप्ताह' करते हैं, अतः मैं भी वैसा ही करूँ। यह सोचकर मैंने 'साईं सच्चरित्र' की प्रति मँगवाई किंतु उसी रात्रि में मुझे बाबा ने स्वप्न में संकेत दिया कि मुझे 'गुरु-चरित्र' का ही पाठ करना चाहिए। इससे प्रकट होता है कि बाबा यह नहीं चाहते कि एक नियम को तोड़कर दूसरा लो। अतः मैं 'गुरु-चरित्र' का ही पाठ करता हूँ।

सन् 1934 में मेरी पत्नी भयंकर पक्षाघात (लकवा) से ग्रस्त हो गयी। जिससे उसका जीवन ही खतरे में पड़ गया किंतु वह बाबा की पक्की भक्त है। उसे बाबा ने रात्रि में स्वप्न दिखाई दिया कि बाबा घर के प्रवेशद्वार पर बैठे हुए हैं और यह कह रहे हैं—"मैं यहाँ तुम्हारी रक्षा के लिए बैठा हूँ, यमदूतों को घर में घुसने नहीं दूँगा।'' स्वप्न में यह भी दिखाई दिया कि कुछ लोग उसके शव को ले जाने के लिए बाँस की अर्थी तैयार कर रहे हैं किंतु बाबा ने उन्हें भाग जाने के लिए कहा। जब उन्होंने बाबा की बात पर ध्यान नहीं दिया तो बाबा ने अर्थी में से बाँस के डंडे निकाल कर उनकी ओर लपके। इसके पश्चात् स्वप्न टूट गया तथा मेरी पत्नी ठीक होने लगी और कुछ दिनों में पूर्णतः स्वस्थ हो गई।

जब मैं शिरडी जाता हूँ तो वहाँ कई प्रकार से बाबा के भक्तों की सेवा व सहायता करता रहता हूँ। बस या रेल पकड़ने में भी उनकी सहायता करता हूँ तथा बाबा कई बार मेरे माध्यम से भी उनकी सहायता करते हैं।''

(14) 'मेरी सुरक्षा के लिए दस जवान भेजे!'

अंधेरी (बम्बई) निवासी श्री रामचन्द्र सीताराम देव उर्फ बालाभाऊ (बालाभाढ़) बाबा के बहुत पुराने भक्त हैं। उन्होंने अपने अनुभव सुनाते हुए बताया कि उन्होंने सन् 1908 में सबसे पहली बार बाबा के दर्शन किये थे किंतु उससे पूर्व वे दास गणु महाराज से बाबा की महिमा सुन चुके थे। उनके एक अन्य परिचित व्यक्ति अमीर शक्कर खटीक ने भी बाबा की बहुत प्रशंसा की थी। उस समय तक श्री बाबा भाऊ अक्कलकोट के स्वामी की उपासना करते थे। एक बार जब उन्होंने अक्कलकोट जाने का विचार किया तो अमीर शक्कर ने उन्हें सुझाव दिया कि शिरडी अक्कलकोट के रास्ते में पड़ता है, अतः पहले शिरडी जाना तथा फिर वहाँ से अक्कलकोट। इसलिए उन्होंने ऐसा ही करने का विचार किया। आगे का वृत्तांत इन्होंने इस प्रकार वर्णित किया है—

शिरडी पहुँचकर मैंने अपना सामान गणपति मंदिर के पास रख दिया और जल्दी-जल्दी बाबा के दर्शन करने की बात सोची। शिरडी में अधिक समय ठहरने का विचार नहीं था। जब मेरी बाबा से भेंट हुई तो देखते ही वे बोले—"अरे जल्दी अक्कलकोट पहुँचो।" यह सुनकर मैंने सोचा कि बाबा तो मेरे मन की बात जान गये हैं, अतः निश्चय ही वे शक्तिशाली हैं। इसके पश्चात् मैंने पूरा समय शिरडी में ही बिताने का निर्णय लिया। अगले दिन मैं अक्कलकोट चला गया। किंतु मैं अब बाबा के प्रति आकर्षित हो गया था इसलिए कुछ समय बाद पुनः शिरडी पहुँचा और बाबा से प्रार्थना की कि वे मेरे गुरु बन जायें। बाबा ने उत्तर दिया—"यह आवश्यक नहीं है कि कोई किसी को गुरु बनावें। सब कुछ हमारे भीतर है। गुरु की कोई आवश्यकता नहीं है। अपने भीतर की आवाज सुनने की चेष्टा करो और उसके अनुसार चलो। हमें अपने आत्म तत्व की ओर देखना चाहिए। वही हमारा गुरु है।"

वस्तुतः मैं बहुत पहले अपने संप्रदाय के गुरु श्री रत्नगिरि जी से दीक्षा ले चुका था। संभवतः इसलिए बाबा ने मुझे टाल दिया। वैसे भी वे किसी को गुरु-मंत्र प्रायः नहीं देते थे।

उन दिनों मेरे पास दो कार्य थे–एक तो मैं स्थानीय पाठशाला में अध्यापन-कार्य करता था, दूसरे, मैं स्टाम्प बेचने का भी काम करता था। जब बाबा से संपर्क बढ़ा तो मैं बार-बार शिरडी जाने लगा जिससे मेरा स्कूल का काम अव्यवस्थित हो गया। जब स्कूल के अधिकारियों को इस बात का पता चला तो उन्होंने मुझे कहा, "या तो शिरडी जाना छोड़ दो या स्कूल की नौकरी दोनों में से एक चुन लो।" मैंने नौकरी छोड़ दी। उस समय मैं केवल 32 वर्ष की आयु का था। किंतु फिर भी बाबा की कृपा से मेरी आर्थिक स्थिति बराबर दृढ़ रही। मैं प्रायः बाबा के यहाँ आयोजित होने वाले पर्वों में भी सम्मिलित होता था। बाबा जब तक जीवित रहे मुझे व्यक्तिगत रूप से निर्देश देते रहे। उनके निधन के पश्चात् मैं उनकी तस्वीर के सम्मुख बैठकर प्रार्थना करता हूँ और चिटों के द्वारा उनके निर्देश प्राप्त करता रहता हूँ।

बाबा अपने भक्तों की किस प्रकार सहायता करते हैं। इसका एक उदाहरण है—एक बार जब बाबा जीवित थे उस समय की बात है कि अंधेरी (बम्बई) में मेरे घर के पास ही मेरे पड़ोसी के घर पर रात्रि में कुछ डाकुओं ने आक्रमण किया और वे उनका सारा सामान ले जाने के साथ-साथ उन्हें भी बुरी तरह पीटकर घायल कर गये। इससे मेरे मन में भी आतंक बैठ गया तो मैंने बाबा से अपनी सुरक्षा के लिए प्रार्थना की। बाबा स्वप्न में आये और बोले—"तुम्हें डरने की कोई आवश्यकता नहीं। मैं तुम्हारी सुरक्षा के लिए दस पठानों को ला रहा हूँ।" अगले दिन सचमुच ही दस व्यक्ति मेरी सुरक्षा के लिए पहुँच गये। बात यह हुई कि कुछ धोबी वहीं रेलवे की जमीन पर रहते थे और कपड़े धोने का काम किया करते थे। रेलवे वालों ने उन्हें वहाँ से हटा दिया। उनमें से दस व्यक्ति मेरे पास आये और बोले—"यदि आप अनुमति दें तो हम आपके घर के पास वाली जमीन पर अपनी झोपड़ियाँ बना लें।" मैंने उन्हें अनुमति दे दी। इससे एक तो मेरी सुरक्षा की व्यवस्था हो गई तथा दूसरे अपनी जमीन का किराया प्राप्त होने लग गया। आगे चलकर मैंने उनके लिये कमरे बनवाने शुरू किये। पहले पाँच कमरे बनवाने का विचार किया और इसके लिए शिरडी जाकर बाबा से अनुमति माँगी। बाबा बोले—"नहीं", उन्होंने जमीन पर 25 लकीरें खींचकर कहा—"इतने कमरे बनवाओ।" साथ ही उन्होंने प्रत्येक कमरे के लिए एक-एक रुपया

दक्षिणा अर्पित करने का भी निर्देश दिया। मैंने वैसे ही किया। मैंने घर लौटकर कमरे बनवाने शुरू कर दिये जिनकी सन् 1920 में कुल संख्या 25 हो गयी थी किंतु इसके बाद अभी तक (सन् 1936 तक) एक भी कमरा और नहीं बना सका। इससे स्पष्ट है कि जो कमरे बने वे बाबा की कृपा से ही बने थे।

वस्तुतः बाबा मेरे लिए आज भी जीवित हैं और वे मुझे बराबर निर्देश देते रहते हैं। मेरे बेटों का भी उन पर पूरा विश्वास है।

(15) 'तूफान आयेगा, गोले बरसेंगे'

इमाम भाई बाबा के जीवन काल में ही उनके सम्पर्क में आ गए थे। वे पहले मुस्लिम संत दरवेश शाह के अनुयायी थे। उन्होंने उसे शिरडी बाबा के पास जाने का निर्देश दिया था। उन्होंने उसे यह भी कहा था कि तुम चुपचाप शिरडी जाकर बाबा के पीछे खड़े हो जाना और कुरान का पहला अध्याय पढ़ना शुरू कर देना। वे शिरडी में बाबा के पास पहुँचे और उन्होंने दरवेश शाह के निर्देशानुसार बाबा के पीछे खड़े होकर कुरान पढ़नी शुरू कर दी। बाबा तुरंत उसकी ओर घूमे और बोले कि "तुम कौन हो और मेरे से क्या माँगने आए हो? यहाँ से भाग जाओ!" जब वह वहाँ से नहीं हटा तो बाबा उसको डाँटने-फटकारने लगे। थोड़ी देर बाद जब बाबा मस्जिद की तरफ गए तो वह मस्जिद की सीढ़ियों पर बैठ गया। किंतु बाबा फिर उस पर क्रुद्ध हो गए। ऐसी स्थिति में काका दीक्षित ने हस्तक्षेप करते हुए बाबा को समझाने की चेष्टा की और बोले—"आप इस पर इतनें क्रुद्ध क्यों होते हैं। यह तो आपका बच्चा है।" बाबा ने उत्तर दिया—"तुम इसे बच्चा कहते हो, इसने मास्टर को पीट-पीटकर जान से मार डाला।" बाबा की यह बात बिलकुल सही थी किन्तु उस समय वहाँ इस बात को स्वयं इमाम भाई के अतिरिक्त और कोई भी नहीं जानता था। जैसा कि बाद में इमाम भाई ने स्वीकार किया, वह बाबा के पास जाने के दो माह पूर्व ही एक मास्टर की हत्या कर चुका था। इस घटना का विवरण देते हुए उसने कहा—"मैं पुलिस में नौकरी करता था तथा किसी जाँच के संदर्भ में मुझे एक ईसाई मास्टर की पिटाई

करनी पड़ी। जिससे उस मास्टर के मुँह में खून आ गया और वह बेहोश होकर गिर पड़ा। बाद में उसकी मृत्यु हो गई।'' इस घटना से डरकर के इमाम भाई पुलिस की सेवा से त्याग पत्र देकर भाग आए थे। अतः यह स्वाभाविक था कि बाबा उसे देखते ही क्रुद्ध हो जाते थे और उसे अपने आश्रम से भगा देते थे किंतु इमाम भाई ने हिम्मत नहीं हारी। वे कुछ दिनों बाद फिर काका दीक्षित के साथ बाबा के पास गए और अपने अपराध के लिए गहरा पश्चाताप करते हुए क्षमा-याचना की। बाबा ने उसे इस बार कुछ नहीं कहा।

इसके पश्चात् भी इमाम भाई समय-समय पर बाबा के पास जाते रहे। एक बार जब वे बाबा के पास गए तो बाबा ने इन्हें सुनाकर कहा कि लोग अपने कर्मों से दुःख पाते हैं और काँटे की चोट से माँ-बाप को खो देते हैं। उस समय इमाम भाई इस बात का अर्थ नहीं समझे किंतु बाद में वे जब घर आए तो दो दिन बाद उनकी माँ के पैर में एक काँटा चुभ गया जिससे उसकी मृत्यु हो गई। इसी प्रकार एक बार इमाम भाई बाबा के पास आए तो बाबा ने कहा कि तुम्हारे घर में गुलाब आया है। जब वे घर लौटे तो उन्हें समाचार मिला कि उनकी पत्नी ने एक पुत्र को जन्म दिया है, जिसका नाम उन्होंने 'गुलाब' रख दिया। जब गुलाब बड़ा हुआ और उसके विवाह के लिए धन की आवश्यकता पड़ी तो इमाम भाई पुनः बाबा के पास गए। बाबा ने उन्हें आशीर्वाद दिया और बोले यदि तुम पूना जाओ तो तुम्हारा काम बनेगा। इमाम भाई पूना चले गए। वहाँ उनकी भेंट ऐसे व्यक्ति से हुई जो कि बवासीर की बीमारी से ग्रस्त था। इमाम भाई इसकी चिकित्सा जानते थे, इसलिए इन्होंने उसकी चिकित्सा की तथा उससे इन्हें सात सौ रुपये प्राप्त हुए।

एक बार इमाम भाई शिरडी से बाबा के दर्शन करके लौट रहे थे। उन्होंने बाबा से लौटने की अनुमति माँगी तो बाबा ने कहा, ''इस वक्त मत जाओ, अगर जाओगे तो तूफान आयेगा और आग के गोले बरसेंगे।' किंतु इमाम भाई ने उनकी बात नहीं मानी और तेजी से अपने गाँव की ओर चल पड़े। जब उनका गाँव केवल एक मील दूर रह गया तो अचानक उनके पास ही बहुत बड़े पीपल के पेड़ पर बिजली गिरी। पेड़ टूटकर गिर गया। उनकी

आँखें प्रकाश से चुँधिया गईं और जब उन्होंने अपना मुँह पीछे घुमा कर देखा तो वहाँ दो छोटे कुत्तों के साथ बाबा दिखाई दिए। उन्होंने बाबा को प्रणाम किया किंतु दूसरे ही क्षण बाबा लुप्त हो गए। जब वे और आगे चले तो गाँव के पास नदी में बाढ़ आई हुई थी। जब उन्होंने नदी को पार कर लिया तो उन्हें ज्ञात हुआ कि नदी में बीस फुट पानी चढ़ा हुआ था, फिर भी वे नदी में नहीं डूबे। इसका कारण यही था कि बाबा ने उनकी सहायता की। इस प्रकार इमाम भाई को समय-समय पर बाबा के अनेक अनुभव प्राप्त हुए।

(16) 'बाबा को मैं भगवान मानता हूँ!'

शिरडी निवासी माधवराव देश पाण्डे उर्फ श्यामा बाबा के सबसे अधिक निकटतम व्यक्तियों में से माने जाते हैं। इनके सम्बन्ध में स्वयं बाबा ने कहा था कि मेरे भक्त तो कई हैं किंतु मेरा शिष्य केवल एक ही है—"वह है श्यामा।" बाबा का इतना स्नेह और दुलार इन्हें प्राप्त था, इसकी कल्पना नहीं की जा सकती।

श्यामा ने बाबा सम्बन्धी विवरण देते हुए बताया कि मैं पहले शिरडी के एक पाठशाला में सहायक अध्यापक था। यह पाठशाला बाबा की मस्जिद के बिल्कुल निकट स्थित थी। यहाँ तक कि पाठशाला की एक खिड़की बाबा की मस्जिद में ही खुलती थी, जिससे मैं प्रायः बाबा को देखा करता था। प्रारम्भ में लोग बाबा को एक पागल, फकीर समझा करते थे। अतः मैं भी उन्हें उसी रूप में देखता था तथा मेरे मन में सम्मान की भावना नहीं थी।

उन्हीं दिनों एक बार पूना से चिदम्बर केशव गाडगिल नामक एक सज्जन शिरडी आये और उन्होंने मुझसे पूछा कि यहाँ कोई बहुत बड़ा साधु रहता है—वह कौन है? मैंने उन्हें उत्तर दिया कि शिरडी में कोई नहीं है। हाँ, उन्हें मैंने मस्जिद की ओर संकेत करते हुए कहा कि "एक पागल, फकीर अवश्य रहता है।" गाडगिल मस्जिद की ओर बढ़े तो बाबा ने गालियों की बौछार करते हुए कहा—"अरे! मैं मुसलमान हूँ, भाग जाओ यहाँ से। भीमशंकर के मंदिर पर एक साधु रहता है उसके पैरों में जाकर गिरो।" इस बात को सुनकर गाडगिल के मन में बाबा के प्रति गहरी आस्था उत्पन्न हो गयी,

क्योंकि साईं बाबा के पास उन्हें पूना के भीमशंकर मंदिर में रहने वाले एक साधु ने ही भेजा था। बाबा की बातों से उन्हें बोध हो गया कि बाबा को यह सब कुछ मालूम है कि गाडगिल कहाँ से आ रहे हैं और किसने भेजा है।

पाँच-छह वर्षों के बाद जब मेरा पाठशाला से स्थानांतरण हुआ तो मैंने पाठशाला से त्याग पत्र दे दिया। इसके पश्चात् बाबा से प्रायः भेंट करने लग गया। पाँच-छह माह बाद ही मुझे बाबा के प्रति पूर्ण विश्वास हो गया कि बाबा भगवान हैं। इसका एक कारण यह भी था कि रात्रि में मैं स्कूल के भवन में सोया करता था तथा मैं देखता था कि रात्रि में बाबा अंग्रेजी, हिन्दी आदि भिन्न-भिन्न भाषाओं में बोलते रहते थे जबकि वे दिन में इन भाषाओं का प्रयोग कभी नहीं करते थे।

श्यामा ने बाबा के अनेक चमत्कार देखे थे। एक बार शांति किरवान्दिकर नामक लड़की, जो कि केवल तीन साल की आयु की थी, खेलते हुए कुएँ में गिर पड़ी थी जो कि बाबा के आश्रम के निकट है किंतु बाबा ने अपने हाथ से उसे कुएँ से निकालकर उसका जीवन बचा लिया। वह लड़की आगे चलकर बाबा की बहुत बड़ी उपासिका हुई और अपने को बाबा की बहिन कहती है।

बाबा पशु और पक्षियों के भी पूर्व जन्म का हाल जान लेते थे। एक बार बाबा ने किसी व्यक्ति से दो बकरियाँ खरीदीं और उनके मूल्य के रूप में 32 रुपये दिये। उस समय बकरों का मूल्य चार रुपये से अधिक नहीं था फिर भी बाबा ने ऐसा क्यों किया। हम लोगों की समझ में नहीं आया। जब हमने बाबा से चर्चा की तो उन्होंने उनके लिए दाल मँगवायी और उन्हें दाल खिलाकर के उसके मालिक को वापस लौटा दिया। जब हम लोगों ने बाबा से इसका रहस्य बताने का अनुरोध किया तो उन्होंने बताया यह पिछले जन्म में मेरी दो चेलियाँ थीं, किंतु ये आपस में बहुत झगड़ती थीं। इसीलिए अब इन्होंने बकरी के रूप में जन्म लिया है। वे मेरी ओर बड़े भक्तिभाव से देख रही थीं; इसलिए मैंने यह सब कुछ किया।

अस्तु, श्यामा ने बाबा के निकट रहते हुए उनकी सर्वज्ञता, सर्वव्यापकता एवं सर्वशक्तिमता को प्रत्यक्ष रूप में देखा था, अतः यह स्वाभाविक है कि

उनकी बाबा के दिव्यत्व में दृढ़ आस्था उत्पन्न हो गयी तथा वे उन्हें भगवान के रूप में मानने लग गये।

(17) 'बाबा हमारे लिए तो अब भी जीवित हैं!'

श्री रामचन्द्र वामन बम्बई में इंजीनियर थे जो कि सन् 1909 से 1916 तक बाबा के संपर्क में रहे। उनके कुछ अनुभव यहाँ प्रस्तुत हैं—

"मैं पहली बार साईं बाबा के दर्शनार्थ सन् 1909 में गया तथा उसके बाद सन् 1916 तक शिरडी जाता रहा। मेरी सबसे महत्वपूर्ण यात्रा सन् 1912 की थी। उस समय मेरे एक अधिकारी से बुरे सम्बन्ध थे। वह मुझे नौकरी से निकालने का कोई अवसर खोज रहा था। मैं यह सोचकर कि अगले दिन प्रातः लौट आऊँगा, बिना छुट्टी लिए ही शिरडी चला गया। मैं बाबा से जाने की अनुमति लेने गया किंतु उन्होंने अनुमति नहीं दी। साईं भगवान यह तो जानते थे कि मैं नहीं गया तो क्या होगा। फिर भी मैंने सब कुछ बाबा पर डाल दिया। उसके बाद भी कई दिनों तक अनुमति नहीं मिली।

श्यामा ने बाबा से कहा—"वह कई दिनों से ठहरा हुआ है उसे जाने की अनुमति दें।" किंतु बाबा नहीं माने। वस्तुतः उन्हीं दिनों बम्बई में मेरी एक विभागीय परीक्षा भी चल रही थी। अतः जब तक परीक्षा चलती रही बाबा ने मुझे नहीं जाने दिया।

पाँचवीं रात्रि में मुझे स्वप्न आया। उसमें मैंने देखा कि मैं अपने घर धूलिया गया हूँ जहाँ मेरी छोटी लड़की ने मेरा स्वागत करके पूछा—"इतने दिन कहाँ थे।" इससे मुझे विश्वास हो गया कि बाबा आने देंगे। मैं तैयार होकर बाबा को नमस्कार करने गया तो बाबा स्वयं ही बोले—"ऊदी लो और जाओ।" मेरे मन में दुविधा थी कि मैं बम्बई जाऊँ या धूलिया। अतः बाबा से पुनः पूछा कहाँ जाऊँ? तो बाबा ने उत्तर दिया—"अपने घर जाओ। तुम्हारे बच्चे प्रतीक्षा कर रहे हैं।" इससे स्वप्न की पुष्टि हो गई।

अब मैं धूलिया गया तो ज्ञात हुआ कि किसी कारण से मेरा उस समय घर पहुँचना बहुत आवश्यक था–इसलिए बाबा ने मुझे घर जाने का निर्देश दिया। उसके पश्चात् मैं बम्बई अपने कार्यालय गया किंतु मेरी पाँच दिन की

अनुपस्थिति के लिए किसी ने भी मुझे कुछ नहीं कहा। इसका कारण यह था कि कार्यालय ने मुझे मनमाड में जाकर डी०सी० से मिलने का निर्देश दिया था। जबकि डी०सी० स्वयं वहाँ नहीं पहुँचा था। अतः कार्यालय के अनुसार तो मैं मनमाड में ड्यूटी पर था।

वस्तुतः जब बाबा की कृपा होती है तो व्यक्ति का कोई कुछ भी नहीं बिगाड़ सकता। यद्यपि बाबा ने समाधि ले ली है किंतु हमारे लिए तो अब भी जीवित हैं तथा समय-समय पर हमारे परिवार की सहायता करते रहते हैं।"

(18) 'विभूति से भैंस का भी कष्ट दूर हो गया!'

बांद्रा (बम्बई) के श्री राजबली मोहम्मद खोजा ने बाबा के सम्बन्ध में अपने अनेक अनुभव बताये हैं। उनमें से कुछ यहाँ प्रस्तुत हैं—"मैंने बाबा के निधन के आठ वर्ष पूर्व (सन् 1910) उनके दर्शन किये थे। मैं अपना कुछ सामान लाने के लिए नासिक गया हुआ था किंतु सामान तैयार नहीं था, अतः मैं शिरडी चला गया। मैंने बाबा को एक नारियल और मिश्री भेंट की थी।

जब मैंने अगले दिन बाबा से जाने के बारे में पूछा तो उन्होंने कहा—"अभी तुम्हारा माल तैयार नहीं हुआ।" अतः मैं 2-3 दिन बाबा के पास शिरडी में ही रहा। मैंने और कुछ भी नहीं माँगा। मैं केवल अपना विश्वास दृढ़ करने के लिए ही गया था। मन ही मन यह प्रार्थना अवश्य की थी कि जब मैं मरूँ तो मोहम्मद में मेरा पूर्ण विश्वास हो जिससे कि मेरा अंत ठीक हो। उन्होंने अपना हाथ मेरे सिर पर रखकर अपना आशीर्वाद दिया। तब से मेरा बाबा में विश्वास दृढ़ हो गया है।

मेरे पास उनकी ऊदी (विभूति) है जो सभी कष्टों में सहायता करती है। एक बार मेरी भैंस प्रसव के समय बहुत कष्ट पा रही थी। पशु-चिकित्सक को भी बुलाया गया किंतु वह भी कुछ करने में असमर्थ था। अतः मैंने चुटकी की ऊदी भैंस के सिर पर लगा दी। दस मिनट बाद ही वह कष्ट से मुक्त हो गई। मैं स्वयं भी बाबा की विभूति सेवन करता रहता हूँ। मैं सदैव बाबा की

तस्वीर अपने पास रखता हूँ तथा घर में बाबा की मूर्ति के आगे अगरबत्ती जलाता हूँ।''

(19) 'क्या करना है पूना जाकर, फिर सोचेंगे'

श्री धूमल साहब ने साईं बाबा के सम्बन्ध में अपने अनुभवों को बताते हुए सबसे पहली बात तो यह कही है कि वे प्रत्येक क्षण बाबा की ही अनुभूति प्राप्त करते रहते हैं। उनके जीवन की प्रत्येक घटना बाबा से ही जुड़ी हुई है। इसलिए वे नहीं जान पाते कि कौन से अनुभव बताए जाएँ और कौन से नहीं। दूसरे, उन्होंने यह भी स्पष्ट किया है कि बाबा के द्वारा दिए गए आध्यात्मिक अनुभव गोपनीय होते हैं, अतः उन्हें बताना उचित नहीं। तीसरे, किसी भी आध्यात्मिक अनुभव को व्यक्त कर देने से उसका वास्तविक स्वरूप गौण हो जाता है। सच्ची आध्यात्मिक अनुभूति वह है जिसे हम शब्दों में व्यक्त नहीं कर सकते। इसलिए उनके विचार से भक्तों को अपने आध्यात्मिक अनुभव दूसरों को नहीं बताने चाहिए। फिर भी उन्होंने बहुत आग्रह करने पर अपने कुछ अनुभव प्रस्तुत करते हुए कहा—

''मैं पहले गजानंद महाराज का अनुयायी था। किंतु जब मैं शिरडी गया तो बाबा से बहुत प्रभावित हुआ और उनकी आराधना करने लग गया। बाबा भी मुझसे बहुत स्नेह करते थे। उन्होंने एक बार मुझे कहा कि ''मैं कदम-कदम पर तुम्हारा ध्यान रखता हूँ यदि मैं ध्यान न रखूँ तो पता नहीं तुम्हारा क्या हो!'' इसी प्रकार एक दिन उन्होंने फिर कहा, ''भाऊ कल सारी रात मैं सो नहीं सका।'' जब मैंने पूछा, ''क्यों'' तो उन्होंने उत्तर दिया ''मैं सारी रात बार-बार तुम्हारे बारे में सोचता रहा।'' बाबा से यह सुनकर मैं द्रवित हो गया। बाबा मुझसे कितना प्रेम करते हैं, इसकी अनुभूति मुझे गहराई से हुई। बाबा मेरे बारे में इतना क्यों सोचते हैं। इस पर जब मैंने विचार किया तो लगा कि इसका कारण यह है कि मैं भी रात-दिन बाबा का चिंतन करता रहता हूँ। जो व्यक्ति निरंतर भगवान का चिंतन करता है, भगवान भी उसका बराबर ध्यान रखते हैं।

मेरी बाबा पर दृढ़ आस्था है। मैं अपना कोई भी निर्णय बाबा से पूछे बिना नहीं लेता और प्रत्येक कार्य से पूर्व बाबा से चिट् द्वारा पूछ लेता हूँ।

बाबा का जो भी उत्तर प्राप्त होता है, उस पर पूरा विश्वास करता हूँ वह चाहे कितना ही असंगत मालूम पड़े। इसका एक उदाहरण यहाँ प्रस्तुत है। एक बार जब नासिक में प्लेग की बीमारी फैली और मेरे घर में भी मरे हुए चूहे मिले तो मैंने बाबा की अनुमति लेकर वह घर छोड़ दिया और बंगले में चला गया, किंतु जब बंगले में भी बार-बार मृत चूहे मिलने लगे तो बाबा से पुनः पूछा कि क्या यह बंगला छोड़ दें; तो बाबा का उत्तर मिला, "नहीं, अपना घर नहीं छोड़ना चाहिए।" यद्यपि आस-पास के सभी लोग तथा डाक्टरों ने भी मुझे यह राय दी थी कि मुझे बंगला तुरंत छोड़ देना चाहिए अन्यथा हम लोग प्लेग से ग्रस्त हो जायेंगे। किंतु मैंने बाबा की अनुमति के बिना बंगला नहीं छोड़ा। इसके कुछ दिनों बाद जब घर के कुएँ में तथा पानी के नल में भी मरे हुए चूहे दिखाई पड़ने लगे तो मैंने सोचा अब तो बंगला छोड़ ही देना चाहिए। अतः ये सारी बातें लिखकर पुनः बाबा से प्रार्थना की कि इस स्थिति को ध्यान में रखते हुए मुझे बंगला छोड़ देने की अनुमति दें। मैंने अपने मन में सोचा कि अब तो बाबा की अनुमति मिल ही जायेगी। अतः सारा सामान पैक करके ट्रक पर लाद लिया तथा दूसरे मकान में जाने के लिए तैयार हो गया। ठीक उसी समय डाकिये ने एक पत्र दिया जो कि बाबा का था। बाबा ने उसमें लिखा था कि हमें अपना आवास नहीं बदलना चाहिए। मेरे लिए बाबा का निर्देश ब्रह्म वाक्य था; अतः मैंने सारा सामान वापस उतरवाया और उसी बंगले में रहने लगा। आस-पास के लोगों की दृष्टि में मेरी यह मूर्खता थी। कुछ लोग संभवतः मन ही मन मेरी इस स्थिति को देखकर हँसते भी थे किंतु मैं इसकी कोई परवाह नहीं करता था। अंत में मैं इस बंगले में ही टिका रहा। बाबा ने हमारी सभी प्रकार से रक्षा की। उन दिनों सारे शहर में बीमारी इतनी फैली हुई थी कि प्रतिदिन 14-15 व्यक्ति मर रहे थे। शायद ही कोई परिवार बचा हो जिसमें इस बीमारी से कोई व्यक्ति न मरा हो। किंतु बाबा की कृपा से हमारा परिवार पूरी तरह सुरक्षित रहा। वस्तुतः यह बाबा पर पूर्ण विश्वास और दृढ़ आस्था रखने का परिणाम था।

मैं अपने व्यवसाय सम्बन्धी कार्य में भी बराबर बाबा के निर्देशों के अनुसार कार्य करता था। सन् 1910 में मेरे एक घनिष्ठ मित्र गोपाल राव बूटी ने मुझे उच्च शिक्षा के लिए इंग्लैण्ड भेजने का विचार किया। उस समय जो

व्यक्ति इंग्लैण्ड से बैरिस्टर बनकर आ जाता था, उसकी सामाजिक प्रतिष्ठा और आय बहुत अधिक बढ़ जाती थी। इसलिए मेरे मित्र मुझे इंग्लैण्ड भेजना चाहते थे और इसका पूरा खर्च स्वयं वहन करने के लिए तैयार थे। व्यावहारिक दृष्टि से यह मेरे लिए प्रगति करने का एक स्वर्णिम अवसर था किंतु मैंने इसके संबन्ध में भी बाबा की अनुमति चाही। बाबा ने अनुमति नहीं दी, अतः मैंने इंग्लैण्ड जाने का विचार छोड़ दिया। इस प्रकार मैं बाबा में पूर्ण आस्था रखता रहा हूँ।

बाबा जिस पर कृपा करते थे, कई बार उससे उसका सब कुछ ले लेते थे और उसके पास एक पैसा भी नहीं छोड़ते। मेरे साथ भी कई बार ऐसा ही हुआ। एक बार बाबा ने मेरे पास जो कुछ भी था वह सब दक्षिणा के रूप में ले लिया। किंतु बाबा ने कहा सात रुपये और लाओ। मेरे पास कुछ भी नहीं था। बाबा ने कहा—"कोई बात नहीं किसी से माँग कर ले आओ।" मैंने ऐसा ही किया वस्तुतः बाबा ने मुझे एक प्रकार से एक सबक दिया। बाबा के विचारों के अनुसार व्यक्ति में इतना गर्व और अहंकार नहीं होना चाहिए कि वह दूसरों से माँगने में शर्म करने लगे। माँगने से व्यक्ति का अहंकार नष्ट होता है इसलिए कई बार बाबा अपने भक्तों को भीख माँग लाने का काम भी सौंपते थे। उनकी महासमाधि के बाद भी मैंने उनका पात्र लेकर कई बार भीख माँगी है। वास्तव में बाबा की बहुत-सी ऐसी बातें हैं जिन्हें हम सामान्य रूप से नहीं समझ सकते। किंतु उनका कोई गहरा अर्थ होता है।

सन् 1912 में जे० जे० अस्पताल बम्बई में मेरा एक बहुत बड़ा आपरेशन हुआ। डाक्टरों को मेरे बचने की अधिक आशा नहीं थी। किंतु बाबा की कृपा से मेरा आपरेशन बिल्कुल सफल हुआ। सन् 1918 में पूना से मेरे भाई का तार आया कि उसकी पत्नी को हैजा हो गया है। मैं 80 रुपये लेकर पूना के लिए रवाना हुआ। किंतु रास्ते में बाबा के दर्शनार्थ शिरडी रुक गया। बाबा ने मुझसे 80 रुपये माँग लिए और पूना जाने से भी मना कर दिया। जब मैंने उनसे पूना जाने की इजाजत माँगी तो बड़ी मस्ती में बादशाही लहजे में बोले—"क्या करना है पूना जाकर, फिर सोचेंगे।" उसके तीसरे दिन ही मेरी भाभी की मृत्यु का तार आ गया। बाबा ने मुझे पूना इसलिए नहीं जाने

दिया कि उन्हें पता था कि मेरी भाभी नहीं बचेगी और मेरा जाना व्यर्थ होगा। इधर दो-तीन दिन बाद ही बाबा ने महासमाधि ले ली। अतः शिरडी में रुके रहने का यह लाभ हुआ कि बाबा के अंतिम समय में मैं उनके साथ रह सका।

इस प्रकार धूमल साहब को बाबा के कई प्रकार के अनुभव प्राप्त हैं। उनके अनुभवों से यह स्पष्ट होता है कि उनकी बाबा के प्रति अत्यंत दृढ़ आस्था रही है और इसी कारण उन्हें भी बाबा की पूर्ण कृपा प्राप्त रही।

(20) 'बाबा सर्वज्ञ थे!'

पूना निवासी श्री हरि विनायक साठे (जन्म सन् 1855 ई०) महाराष्ट्र में डिप्टी कलेक्टर के पद पर नियुक्त थे। उनकी पत्नी का असामयिक निधन हो जाने के कारण वे बहुत दुःखी थे, तो उनके एक मित्र ने उन्हें शिरडी साईं के पास में जाने का परामर्श दिया जिससे कि इन्हें शांति मिल सके। उनके बहुत कहने पर साठे साहब शिरडी साईं के दर्शनार्थ जाने के लिए तैयार हो गये।

जब श्री साठे बाबा के यहाँ पहुँचे तो उन्होंने देखा कि बाबा कभी हँसते हैं, कभी गाते हैं और कभी चुप होकर तरह-तरह की मुद्राएँ बनाते हैं। इससे साठे के मन में यह संदेह उत्पन्न हुआ कि कहीं बाबा का मस्तिष्क असामान्य तो नहीं है। किंतु उनका यह सन्देह कुछ ही क्षणों में दूर हो गया। जब वे बाबा के समीप पहुँचे तो बाबा ने बिना किसी परिचय के इनसे कहा—"अरे! शरीर के लिए क्या चिंता करते हो, शरीर तो पानी का बुलबुला है। उससे मोह मत करो। उसकी आत्मा से प्रेम करो। सुख-दुःख तो बादलों की तरह आते-जाते रहते हैं। अपने दुःख को भूलकर अपने बच्चे का ध्यान रखो।" यद्यपि न तो साठे ने बाबा को यह बताया था कि उनकी पत्नी का देहांत हो गया है और न ही उन्होंने किसी से भी इस बात की चर्चा की थी कि उनकी पत्नी एक बच्चा भी छोड़ गई है। फिर भी बाबा ने उन्हें देखते ही उपर्युक्त बातें कह दीं, जिसका अर्थ है कि बाबा अंतर्यामी हैं। ऐसी शक्ति तो किसी दिव्य पुरुष में ही हो सकती है। अतः यह सोचकर साठे के मन में यह विश्वास उत्पन्न हो गया कि बाबा कोई असामान्य व्यक्ति नहीं अपितु वे

दिव्यशक्ति संपन्न हैं। जहाँ साठे का पहले यह विचार था कि वह दर्शन करके लौट जायेंगे, वहाँ बाबा की बात सुनने के बाद उन्होंने शिरडी में दो दिन और रहने का निश्चय किया। इसके बाद तो बाबा से उनका सम्पर्क बढ़ता ही गया और उनके वे पक्के भक्त हो गये।

श्री साठे ने सन् 1936 में अपने अनुभवों पर प्रकाश डालते हुए बताया कि वे दूसरा विवाह नहीं करना चाहते थे किंतु उनके पहली पत्नी से केवल एक कन्या थी, अतः वंश-परम्परा को आगे बढ़ाने के लिए एक पुत्र आवश्यक था। ऐसी स्थिति में बाबा के निर्देश से उन्होंने दूसरा विवाह किया तथा उसी लड़की से किया जिसके लिए बाबा ने स्वीकृति दी थी। उससे उनके एक पुत्र हुआ।

श्री साठे ने बताया कि एक बार वे रेवेन्यू कमिश्नर द्वारा आयोजित एक विशेष बैठक में भाग लेने के लिए मनमाड जाने वाले थे किंतु रास्ते में बाबा के दर्शनार्थ शिरडी रुक गये। जब अगले दिन वे मनमाड जाने लगे तो बाबा ने इसकी अनुमति नहीं दी। उसके पश्चात् अगले दो दिन भी अनुमति नहीं मिली। इससे ये बहुत परेशान हो गये। उनका कमिश्नर एक अंग्रेज था तथा अकारण बैठक में न पहुँचने के कारण इनकी नौकरी पर प्रतिकूल प्रभाव पड़ सकता था। फिर वहाँ मीटिंग की सारी व्यवस्था भी इन्हें ही जाकर करनी थी—इनकी अनुपस्थिति में दूसरे सदस्यों को भी बड़ी कठिनाई हो सकती थी। किंतु बाबा ने इन्हें जाने नहीं दिया। बाद में पता चला कि वह मीटिंग ही स्थगित हो गयी थी, अतः वहाँ कोई भी नहीं पहुँचा। वे वहाँ जाते तो व्यर्थ ही परेशानी में पड़ते। किंतु बाबा तो सर्वज्ञ थे, इसीलिए उन्होंने इनके श्वसुर को यहाँ तक कह दिया था कि यदि वह जा रहा है तो उसे रोक लो और कमरे में बंद कर दो।

आगे चलकर साठे साहब ने शिरडी में आने वाले भक्तों के ठहरने के लिए एक बहुत बड़ा भवन बनवाया जो कि 'साठे का बाड़ा' कहा जाता है। यह पहला भवन था जो कि बाहर से आने वाले भक्तों के लिए वहाँ बनवाया गया। वस्तुतः साठे साहब और उनके परिवार की बाबा के प्रति गहरी निष्ठा है तथा बाबा भी समय-समय पर उन्हें कई संकटों से बचाते रहे हैं।

(21) 'वर्षा बंद हो जाओ—मेरे बच्चों को घर जाना है!'

बम्बई हाईकोर्ट के एडवोकेट श्री डबल्यू प्रधान ने बाबा के सम्बन्ध में अपने अनुभवों का विवरण देते हुए बताया कि उन्हें साईं बाबा तक पहुँचाने वाले नाना साहब चंदोरकर थे। एक बार हम लोग नाना साहब के साथ बातचीत में लगे हुए थे तो मेरे भाई रामराव ने उनसे पूछा—"क्या आजकल भी इस दुनिया में श्री अक्कलकोट महाराज जैसा व्यक्ति है?" नाना साहब ने उत्तर दिया, "हाँ है! यदि देखना चाहो तो शिरडी चले जाओ।" नाना साहब ने साईं बाबा के व्यक्तित्व, उनकी करुणा, दिव्यता, महानता एवं उनकी दिव्य शक्तियों का ऐसा विवरण दिया कि जिसे सुनकर हम सब भी तुरंत शिरडी जाने के लिए लालायित हो गए। अगले दिन ही मेरे परिवार के सदस्यों एवं मित्रों का एक झुण्ड शिरडी के लिए रवाना हो गया जिसमें लगभग 10-12 व्यक्ति थे। मुझे एक आवश्यक कार्य से अन्यत्र जाना था अतः मैं उनके साथ नहीं जा सका। किंतु वे लोग जब शिरडी से वापस लौटे तो अपने साथ में बाबा का चित्र लाए व साथ ही दास गणु द्वारा रचित बाबा का 'भक्त लीलामृत' लाए। जब मैंने उनका चित्र देखा और 'भक्त लीलामृत' को पढ़ा तो उसका जादू जैसा असर हुआ। उसी समय मेरा बाबा के प्रति दृढ़ विश्वास हो गया।

इसके अनंतर मई सन् 1910 में मैं नाना साहब चंदोरकर के दो पुत्रों के साथ शिरडी गया। जब बाबा से भेंट हुई तो उन्होंने मुझसे दक्षिणा माँगी। मैंने उन्हें दक्षिणा में एक सोने की गिन्नी भेंट की। बाबा ने उसको हाथ में लिया व उलट-पुलटकर देखा और फिर पूछा, "यह क्या है?" तथा फिर इसकी कीमत पूछी। हमने उत्तर दिया कि यह सोने की गिन्नी है और इसकी कीमत 15 रुपये है तब बाबा ने गिन्नी वापस लौटा दी और मुझसे कहा, "यह नहीं चाहिए, 15 रुपये दे दो" तब मैंने बाबा को 15 रुपये दे दिये तो बाबा ने पाँच रुपये और माँगे। मैंने पाँच रुपये और भेंट कर दिए तो बाबा चुप हो गए। बाबा ने पाँच रुपये और क्यों माँगे? इसका रहस्य वहाँ कोई और व्यक्ति नहीं जान सका। केवल मैं ही जानता हूँ। मूल बात यह है कि जब मैं घर से चला था तो सोचा था कि बाबा को 20/- रुपये भेंट करूँगा किंतु बाद

में मेरा विचार बदल गया और मैंने बीस रुपये के स्थान पर पन्द्रह रुपये के मूल्य वाली गिन्नी भेंट की किन्तु बाबा तो अन्तर्यामी हैं। उन्होंने मेरे संकल्प के अनुसार पूरी राशि प्राप्त कर ली।

इसके पश्चात् तो प्रधान साहब प्रायः शिरडी जाने लगे। एक बार प्रधान साहब शिरडी गए हुए थे तो बाबा ने उन्हें आठ दिनों तक वहीं रोक लिया। यद्यपि वे एक दो दिन में ही लौट आने के विचार से गए थे किंतु जब भी वे बाबा से लौटने की अनुमति माँगते तो बाबा अस्वीकार कर देते। एक दिन उन्होंने अपने शरीर के एक भाग को छूकर कहा कि मेरे शरीर में इधर बहुत पीड़ा हो रही है किंतु कोई बात नहीं दो-चार दिन में ठीक हो जायेगी। जब आठ दिन बाद मैं घर लौटा तो मुझे ज्ञात हुआ कि पीछे से मेरी माँ को लकवा हो गया था। घर वाले मुझे तुरंत बुलवाना चाहते थे लेकिन नाना साहब ने उन्हें समझाया कि जब तक प्रधान साहब शिरडी में बाबा की सेवा में हैं तब तक माँ का कुछ भी अनिष्ट नहीं होगा। वास्तव में यही हुआ। जब तक मैं वापस लौटा तो माँ की स्थिति बहुत सुधर चुकी थी। माँ के शरीर के जिस भाग में लकवा हुआ था। बाबा ने भी अपने शरीर के उसी भाग में पीड़ा बतायी थी। वास्तव में माँ की बीमारी अपने ऊपर लेकर बाबा ने उसे बचा दिया था। भक्तों के हित के लिए प्रायः बाबा ऐसा करते रहते थे।

एक बार मैं शिरडी गया हुआ था तो वहाँ बाबा की मस्जिद के समीप एक बहुत भयकर आँधी आयी और मूसलाधार वर्षा होने लगी। उसे देखकर मुझे बड़ी चिंता हुई कि यदि इसी तरह वर्षा होती रही तो चारों तरफ बाढ़ आ जाएगी और मेरा बम्बई लौटना कठिन हो जाएगा। मेरे मन की बात बाबा जान गए और वे तुरंत आकाश की ओर देखकर बोले—"अल्लाह! बहुत वर्षा हो गई अब बंद करो। मेरे बच्चों को घर लौटना है। उन्हें बिना किसी कठिनाई के लौटने दो।" ज्योंही बाबा ने ये शब्द कहे वर्षा बंद होनी शुरू हो गयी और थोड़ी देर में मौसम ठीक हो गया। इससे यह बोध हुआ कि बाबा का प्रकृति पर भी कितना नियंत्रण है!

एक बार जब मेरी पत्नी के बच्चा होने वाला था तब मैं उसे लेकर शिरडी गया। मेरी पत्नी ने उसी समय निर्णय लिया था कि भविष्य में वह

साईं की ही पूजा अपने इष्ट देव के रूप में करेगी। जब मेरा बच्चा चार महीने का हुआ तब उसे लेकर हम बाबा के पास गए। बाबा उसे देखकर बहुत प्रसन्न हुए। बच्चे का नाम बाबू था। बाबा ने बाबू को अपनी गोद में लेकर पूछा, "बाबू तुम इतने दिनों कहाँ रहे? क्या मुझसे रुष्ट थे?" बाबू के आने की खुशी में बाबा ने दो रुपये की बर्फी मँगवाकर आश्रम में बँटवाई। इससे ज्ञात हुआ कि बाबू का बाबा से पूर्वजन्म का भी कोई सम्बन्ध था।

जब बाबू एक वर्ष का हुआ तो हम उसे लेकर पुनः शिरडी गए। वहाँ उसकी वर्षगाँठ के अवसर पर माधवराव देशपांडे के घर पर एक विशाल भोज का आयोजन किया गया। बाबा ने सबको प्रेरित किया कि वे भोज में सम्मिलित हों। किंतु बाला साहब भावे इस भोज में सम्मिलित नहीं हुए तो बाबा ने उनसे इसका कारण पूछा। उन्होंने उत्तर दिया कि "मैं गुरुवार को उपवास करता हूँ।" बाबा ने पुनः पूछा, "ऐसा किसकी प्रसन्नता के लिए करते हो?" उन्होंने उत्तर दिया, "आपकी प्रसन्नता के लिए।" उनका आशय था कि मैं गुरुवार का उपवास आपके लिए करता हूँ। ऐसा सुनकर बाबा ने आदेश दिया कि "यदि मेरी प्रसन्नता चाहते हो तो जाओ! भाऊ के यहाँ भोजन करो!" यद्यपि इस समय सायंकाल (4 बजे) का समय हो गया था किंतु फिर भी बाबा साहब ने उनकी आज्ञानुसार भोजन किया।

जब बाबू तीन या चार वर्ष का था तो बीमार हो गया। हमारे घर के तेलगू पंडित माधव भट्ट का यह विचार था कि एक मुस्लिम संत की आराधना के कारण हमारे कुलदेवता नाराज हो गये हैं तथा इसी से बच्चा बीमार है। बाबा ने उसी रात्रि उसे स्वप्न में कहा कि मैं ही इस घर का देवता हूँ। जब बाबू की हालत बहुत खराब हो गई तो माधव बाबा की तस्वीर के सामने गया और प्रार्थना की कि यदि बच्चा चार बजे तक ठीक होकर ऊपर की मंजिल से नीचे आ गया तो मैं मान लूँगा कि आप कुलदेवता हैं। इस प्रार्थना के कुछ देर बाद ही बच्चे का बुखार उतरना शुरू हो गया और ठीक चार बजे बच्चे ने स्वयं कहा कि वह खेलने के लिए नीचे जाना चाहता है। तब माधव भट्ट को विश्वास हो गया कि साईं बाबा सचमुच हमारे कुलदेवता दत्तात्रय के अवतार हैं। उसने बाबा को दक्षिणा भेंट की। आगे चलकर बाबा

से उसने मनौती की कि यदि उसके लड़का हो गया तो 108 रुपये भेंट करूँगा। उसकी यह इच्छा भी पूरी हो गई तथा भेंट अर्पित कर दी गई। इस प्रकार माधव भट्ट की बाबा में गहरी आस्था हो गयी।

दिनांक 16 अक्टूबर 1918 की रात्रि में मुझे स्वप्न में बाबा मृत अवस्था में दिखाई पड़े। मैंने स्वप्न में कहा—"बाबा मर रहे हैं।" बाबा बोले—"संतों के लिए 'मरना' कहना ठीक नहीं अपितु 'समाधि' ले रहे हैं कहना चाहिए।" अगले दिन प्रातः ही हमें सूचना मिली कि बाबा ने पन्द्रह अक्टूबर (दशहरा) की रात्रि में तीन बजे शरीर त्याग दिया है।

19 अक्टूबर की रात्रि में पुनः बाबा ने स्वप्न में मुझे तीन रुपये दिये। मैंने लेने में संकोच किया तो बाबा ने कहा—"ये लो और मुझे वह सारा पैसा दे दो जो तुमने संदूक में इकट्ठा किया है।" जगने के बाद मैंने संदूक का सारा पैसा क्रिया-कर्म आदि के लिए भेज दिया। उसी रात्रि बाबा ने मेरी साली को भी स्वप्न दिया और उससे समाधि के लिए पीताम्बर भेजने के लिए कहा। वैसा ही किया गया।

इस प्रकार बाबा से प्रधान साहब का गहरा सम्बन्ध रहा। महासमाधि ले लेने के पश्चात् भी बाबा उन्हें प्रायः स्वप्न में दर्शन देते रहते थे।

(22) 'साईं बाबा और भगवान् राम में कोई अन्तर नहीं!'

श्री नाना साहब निमोनकर (पूरा नाम—शंकर नाना साहब) साईं बाबा के अत्यन्त निकटवर्ती भक्तों में से थे। जब ये संस्मरण लिखे गये उस समय तक नाना साहब का निधन हो गया था। अतः उनके पुत्र श्री सोमनाथ शंकर देशपांडे ने ये अनुभव बताए हैं। श्री सोमनाथ के अनुसार उनका परिवार मूलतः शिरडी से बीस मील दूर निमोन का निवासी था। इनके पिताजी नाना साहब एक बार माधवराव देशपांडे उर्फ श्यामा के कहने से साईं बाबा से मिलने शिरडी गये थे। शामा ने उनसे कहा था कि शिरडी में एक फकीर रहता है जिसे लोग पागल समझते हैं। किंतु मुझे इसमें संदेह है कि वह पागल है, इसलिए आप मेरे साथ चलें और देखें कि क्या वह सचमुच पागल है या नहीं? अतः उन्हें देखने के लिए नाना साहब शिरडी गए थे। नाना

साहब शिरडी बाबा से मिलकर बहुत प्रभावित हुए और उन्होंने अपना मत देते हुए स्पष्ट रूप में कहा कि "बाबा एक सत् पुरुष हैं, उन्हें पागल समझना भूल है।" नाना साहब के साथ उनके एक और सम्बन्धी भी गए थे। किंतु जब वे पहले कभी अकेले जाते थे तो बाबा उन्हें दूर से देखकर ही पत्थर फेंकने लगते थे जबकि वे नाना साहब के साथ गए तो बाबा ने ऐसा कुछ भी नहीं किया। नाना साहब ने बताया कि इसका कारण यह था कि जो लोग उन पर संदेह करते थे, उन्हें बाबा अपने पास नहीं आने देते थे। नाना साहब के मन में कुछ संदेह नहीं था इसलिए बाबा ने उन्हें प्रेमपूर्वक अपने पास बुला लिया।

श्री सोमनाथ के शब्दों में—"मेरे पिता संगमनेर में ऑनरेरी मजिस्ट्रेट थे। आगे चलकर उनकी भेंट नाना साहब चांदोरकर से हुई जो कि कलेक्टर और साईं बाबा के भक्त थे। इन दोनों में बाबा के बारे में काफी चर्चा हुआ करती थी। जब नाना साहब चांदोरकर ने बाबा की मस्जिद का पुनर्निमाण करवाया तो मेरे पिताजी ने भी उन्हें बहुत सहयोग दिया। आगे चलकर जब बाबा के आश्रम में और भी कई भवनों का निर्माण होने लगा तो उनका हिसाब-किताब रखने का सारा काम बाबा ने मेरे पिताजी को ही सौंपा। भेंट या दान से जो भी राशि प्राप्त होती थी, मेरे पिताजी को सौंपी जाती थी। वस्तुतः मेरे पिताजी बाबा से किसी प्रकार का कोई आर्थिक लाभ नहीं उठाना चाहते थे। वे उनसे केवल आध्यात्मिक लाभ ही प्राप्त करना चाहते थे।"

एक बार बाबा ने मेरे पिताजी से कहा—"तुम भागवत का पाठ करो।" किंतु मेरे पिताजी ने उत्तर दिया कि वे संस्कृत नहीं जानते। बाबा ने कहा—"कोई बात नहीं, यह मस्जिद तुम्हें संस्कृत सीखा देगी। तुम पढ़ो तो सही।" अतः बाबा के निर्देशानुसार मेरे पिताजी ने वैसी ही पुस्तक पढ़नी आरम्भ की तो उन्हें यह देखकर आश्चर्य हुआ कि वह अपने आप ही उनकी समझ में आने लग गई थी। इस तरह बाबा की कृपामात्र से ही उन्हें संस्कृत भाषा का ज्ञान हो गया। मेरे पिताजी कई बार संस्कृत के श्लोकों की व्याख्या दूसरों को समझाया करते थे। किंतु बाबा ने उन्हें मना कर दिया। उन्होंने कहा—"तुम ऐसा क्यों करते हो? इससे तुम्हारा अहंकार बढ़ेगा।" अतः मेरे पिताजी ने भी उसके पश्चात् ऐसा नहीं किया।

मुझे शैशव अवस्था में ही बाबा के पास ले जाया गया। बाबा मुझे बड़े प्यार से 'सोमनीया' कहते थे। आगे चलकर मेरी नियुक्ति सन् 1912 में सब-इंस्पेक्टर के रूप में हुई। तब से मैं प्रति माह दो रुपये मेरे वेतन में से बाबा को मनीआर्डर द्वारा भेजने लग गया। एक बार मैं अपने पिताजी के साथ शिरडी गया तब बाबा ने मुझसे दक्षिणा के रूप में दस रुपये माँगे। मैंने तुरंत भेंट कर दिए। उस वक्त तो ऐसा नहीं लगा कि बाबा ने यह दक्षिणा किसी विशेष प्रयोजन से माँगी है। किंतु छह महीने बाद पता चला कि जिस दिन बाबा ने दस रुपये माँगे थे, उसी दिन से मेरा वेतन भी 10/- मासिक बढ़ गया था।

सन् 1916 की बात है जबकि मैं पूना में था और मेरी पत्नी के बच्चा होने वाला था तब मैंने उसकी देखभाल के लिए अपने माँ-बाप को अपने पास बुलाया। वे दोनों पूना आने के लिए रवाना हो गए किंतु फिर सोचा कि शिरडी में बाबा के दर्शन करते चलें। जब वे बाबा के पास आए तो बाबा ने उन्हें कई दिनों तक पूना जाने की अनुमति नहीं दी। इससे वे लोग बहुत परेशान हुए। उन्होंने श्यामा से कहा कि "देखो उधर तो हमारा बेटा कई दिनों से हमारी प्रतीक्षा कर रहा है और इधर बाबा ने हमें रोक रखा है। क्या करें? कुछ भी समझ में नहीं आ रहा है।" श्यामा बाबा के बहुत मुँह लगे हुए थे इसलिए कोई भी बात वे निःसंकोच बाबा से कर लेते थे। श्यामा ने इनकी बात छेड़ते हुए बाबा से कहा कि "आप उन्हें पूना क्यों नहीं जाने देते?" बाबा ने उत्तर दिया—"तुम्हें क्या जल्दी है?" श्यामा ने कहा कि "इनकी बहू के बच्चा होने वाला है।" बाबा ने पुनः कहा कि इसकी चिंता तुम लोग क्यों करते हो? भगवान पर छोड़ो। जब मेरे पिताजी ने बाबा से अधिक आग्रह किया तो बाबा ने उत्तर दिया, "पहले मुझे दफना दो और फिर जाओ।" बाबा का ऐसा उत्तर सुनकर वे चुप हो गए।

इधर मैंने पूना में अपने माता-पिता की बहुत प्रतीक्षा की। किंतु बाबा की कृपा से उनकी अनुपस्थिति में ही सब कुछ ठीक हो गया। मेरी पत्नी ने बिना किसी की सहायता के और बिना किसी कष्ट के एक पुत्र को जन्म दिया। उसी दिन बाबा ने शिरडी में मेरे पिताजी को कहा, "अरे सुनो! आज एक महिला के बच्चा हुआ है। वह ठीक-ठाक है और उसके लड़का हुआ है।"

बाबा हमारे परिवार की सुरक्षा का पूरा ध्यान रखते थे। दिसम्बर सन् 1917 में चारों ओर प्लेग फैला हुआ था तो बाबा ने हमारी रक्षा की।

एक बार बाबा ने मुझे मारुती (हनुमान) के रूप में भी दर्शन दिए थे। वैसे हमारा परिवार राम भक्त था इसलिए हम हनुमान जी की भी उपासना करते थे। संभवतः इसलिए बाबा मुझे एक बार हनुमान जी के रूप में दिखाई दिए। मेरे पिताजी का यह अनुभव था कि श्री साईं बाबा और राम में कोई अंतर नहीं है।

(23) बाबा के चरणों से गंगा बहने लगी !

दासगणु महाराज का पूरा नाम गणपतराव दत्तात्रेय सहस्रबुद्धे था। उनका जन्म सन् 1858 में हुआ था। इनका बाबा से बड़ा गहरा सम्बन्ध रहा। बाबा के जीवन-काल में इन्होंने उनके सम्बंध में कई काव्य एवं भजन लिखे थे जो कि 'भक्तामृत' में संगृहीत हैं। इन्होंने बाबा के सम्बन्ध में अपने अनुभव बताते हुए कहा कि जब मैं नाना साहब चाँदोरकर के यहाँ नौकरी करता था तो एक बार वे मुझे बाबा के पास ले गए। बाबा ने मुझे देखते ही कहा—"यह व्यक्ति तमाशों का शौकीन है और साथ ही अपनी नौकरी का भी बहुत प्रेमी है। किंतु इसे इन दोनों को ही छोड़ देना चाहिए।" मेरी समझ में नहीं आया कि मैं नौकरी क्यों छोड़ दूँ और कैसे छोड़ दूँ? अतः बाबा के द्वारा समय-समय पर इसका निर्देश करने के बावजूद भी मैं दस वर्ष तक नौकरी करता रहा। आगे चलकर मेरी नियुक्ति पुलिस विभाग में हो गयी थी और मैं फौजदार के पद पर पहुँचना चाहता था। किंतु बाबा मुझसे सदैव यह कहते रहते थे कि पुलिस की नौकरी तुम्हारे लिए ठीक नहीं है।

जब वे थानेदार थे तो एक बार इनकी ड्यूटी उस समय के कुख्यात डाकू काना भील की जासूसी करने की लगी। ये वेश बदलकर उसके घर के पास पहुँच गए किंतु किसी प्रकार काना भील इन्हें पहचान गया और इन्हें मारने के लिए बन्दूक उठाई। इन्होंने तुरंत शिरडी साईं बाबा को याद किया तो काना भील का विचार बदल गया और उसने केवल इन्हें चेतावनी देकर छोड़ दिया।

इसी प्रकार एक बार ये गश्त करते हुए अपनी सीमा से बाहर चले गए जो कि कानूनी व्यवस्था के विरुद्ध था। जब उन्हें बोध हुआ कि उनसे गलती हो गई है तो इन्होंने फिर शिरडी साईं बाबा को याद किया। उस समय भी किसी प्रकार ये संकट से मुक्त हो गए। इस प्रकार ये समय-समय पर किसी-न-किसी मुसीबत में फँस जाते थे और तब बाबा को याद करते थे। जब एक बार ये पुनः संकट में फँस गए तो गोदावरी का जल हाथ में लेकर संकल्प लिया—"हे बाबा, इस बार संकट से मुक्त कर दो तो मैं नौकरी छोड़ दूँगा।" ये संकट से मुक्त हो गए किंतु इन्होंने नौकरी फिर भी नहीं छोड़ी। इसके पश्चात् जब बाबा से उनकी भेंट हुई तो बाबा ने इनसे पूछा—"गणु यह बताओ गोदावरी का जल हाथ में लेकर किसने प्रण किया था कि नौकरी छोड़ दूँगा?" इन्होंने उत्तर दिया—"बाबा! मैंने ही प्रण किया था कि मैं जल्दी ही नौकरी छोड़ दूँगा।" किंतु फिर भी ये नौकरी नहीं छोड़ पाए। आगे चलकर जब इन पर गबन का झूठा केस चला तो दंडित होने के भय से इन्होंने नौकरी छोड़ दी और उसके पश्चात् बाबा के निर्देशानुसार भक्तों की लीला व कीर्तन में लग गए। इस कार्य में इनको बहुत ख्याति प्राप्त हुई। भक्तों के सम्बन्ध में इनके कई ग्रंथ भी प्रकाशित हुए तथा कीर्तनकार के रूपं में भी इन्हें पर्याप्त यश प्राप्त हुआ।

एक बार शिरडी के आस-पास किसी चोर ने एक हीरा चुरा लिया था। जिसे पुलिस ने गिरफ्तार कर लिया। जब चोर से पूछा गया कि तुम्हारे पास यह हीरा कहाँ से आया तो उसने उत्तर दिया कि मुझे यह शिरडी के साईं बाबा ने दिया है। इसलिए इस सम्बन्ध में जाँच-पड़ताल करने के लिए पहले तो पुलिस ने बाबा को बुलाया। जब बाबा नहीं गए तो शिरडी में एक अधिकारी आया और उसने बाबा के बयान लिये। गणु महाराज के अनुसार उक्त अधिकारी द्वारा पूछे गए कुछ प्रश्नों के उत्तर बाबा ने इस प्रकार दिए—

अधिकारी—"आपका नाम क्या है?"

बाबा—"लोग मुझे 'साईं बाबा' कहते हैं?"

अधिकारी—"आपके पिता का क्या नाम है?"

बाबा—"उनका नाम भी साईं बाबा है।"

अधिकारी—"आपके गुरु का क्या नाम है?"

बाबा—"वैंकुशा।"

अधिकारी—"आपका धर्म या सम्प्रदाय कौन-सा है?"

बाबा—"कबीर।"

अधिकारी—"आपकी जाति?"

बाबा—"परवरदिगार।"

अधिकारी—"कृपया अपनी उम्र बताइये?"

बाबा—"लाखों साल।"

अधिकारी—"क्या आप यह आश्वासन देते हैं कि जो कुछ कहेंगे सच ही कहेंगे?"

बाबा—"सच।"

अधिकारी—"क्या आप इस चोर को जानते हैं और जानते हैं तो कैसे जानते हैं?"

बाबा—"हाँ मैं इसे जानता हूँ और मैं सबको जानता हूँ।"

अधिकारी—"यह चोर कहता है कि यह आपका भक्त है और आपके पास रहता था क्या यह सच है?"

बाबा—"हाँ! मैं सब में रहता हूँ और सब मेरे हैं।"

अधिकारी—"क्या आपने इसको ये हीरे दिए?"

बाबा—"मैं ही देता हूँ अन्यथा कौन किसको देता है।"

अधिकारी—"यदि आपने दिए हैं तो आपके पास कहाँ से आए?"

बाबा—"सब कुछ मेरा है।"

अधिकारी—"बाबा इस पर चोरी का बहुत बड़ा आरोप है, यह कहता है कि ये चोरी के हीरे इसे आपसे प्राप्त हुए हैं।"

बाबा—"मुझे इन बातों से कोई मतलब नहीं है।"

इस प्रकार बाबा के उत्तरों को सुनकर वह अधिकारी बौखला गया और किसी निर्णय पर नहीं पहुँच पाया। वस्तुतः वह अधिकारी बाबा को एक सामान्य साधु या संन्यासी समझ कर प्रश्न पूछ रहा था जबकि बाबा उसे भगवान के रूप में उत्तर दे रहे थे इसलिए यह स्वाभाविक था कि वह बाबा को नहीं समझ पाया। इसलिए वह अधिकारी निराश होकर लौट गया। उपर्युक्त प्रश्नोत्तर में बाबा ने जो उत्तर दिए हैं वे उन लोगों के लिए महत्वपूर्ण सिद्ध हो सकते हैं जो कि बाबा के व्यक्तित्व एवं चरित पर शोध करना चाहते हैं। यहाँ बाबा ने अपना सम्प्रदाय 'कबीर' बताया है जबकि कुछ लोगों की यह भी धारणा है कि बाबा अपने एक जन्म में कबीर भी थे। बाबा के इस उत्तर से इस धारणा की पुष्टि होती है।

दासगणु महाराज ने अपने और भी कई अनुभव बताये हैं। एक बार जब ये पुरी की तीर्थयात्रा पर गए तो वहाँ इनकी भेंट एक संन्यासी से हुई। उसने इन्हें शिरडी बाबा को भेंट करने के लिए एक नारियल दिया, किंतु उस नारियल को इनके कुछ साथी रास्ते में ही तोड़कर खा गए। कई महीनों के पश्चात् जब ये शिरडी बाबा के पास पहुँचे तो बाबा बोले, "यह रहा मेरा चोर। इसने मेरे भाई का भेजा हुआ नारियल खा लिया।" गणु महाराज इरारो बहुत लज्जित हुए और उन्होंने बाबा से क्षमा-याचना की।

एक बार महाशिवरात्रि के अवसर पर गणु महाराज शिरडी गए और बाबा से गंगा स्नान के लिए जाने की अनुमति माँगी। बाबा ने उत्तर दिया— "गंगा स्नान के लिए इतनी दूर जाने की क्या आवश्यकता है, गंगा तो मेरे चरणों में रहती है।" यह कहकर उन्होंने अपने चरणों को आगे बढ़ाया तो उनमें पानी की धारा बहने लग गई। गणु महाराज ने इस पानी को अपने दोनों हाथों में लिया और अपने सारे शरीर पर छिड़क लिया।

इस प्रकार गणु महाराज ने अपनी युवावस्था से लेकर बाबा के महासमाधि लेने तक उनके निकट संपर्क में रहने का सौभाग्य प्राप्त किया। बाबा की प्रेरणा से ही उनके जीवन की दिशा बदल गयी और वे अंततः एक पुलिस-अधिकारी से कीर्तनकार बन गये। उन्होंने समय-समय पर बाबा के दिव्य रूप का साक्षात्कार करने का भी सौभाग्य प्राप्त किया।

(24) विभिन्न भक्तों के संस्मरण

विभिन्न भक्तों के द्वारा वर्णित कतिपय संस्मरण यहाँ क्रमशः प्रस्तुत किये जाते हैं—

अपने पुजारी को आमंत्रण—शिरडी के श्री लक्ष्मण राव कामेश्वर भट्ट ने बताया कि मैं काफी समय से साईं बाबा की पूजा व आरती करता आ रहा हूँ। मैं बाबा के जीवन-काल में ही सन् 1914 में यहाँ आ गया था। मेरे बहनोई यहाँ कार्य कर रहे थे। यहाँ मैं पहले कभी-कभी आया करता था। एक रात्रि में स्वप्न में बाबा ने मुझे दर्शन दिये और कहा—"लड़के! तुम यहाँ क्या कर रहे हो? यहाँ मत रहो, शिरडी आओ।" सुबह मैं उठा और अपने एक सम्बन्धी के साथ शिरडी आ गया। मैं अपने सम्बन्धी के साथ ही यहाँ रहने लग गया। साईं बाबा की पूजा आदि में भाग लेने लग गया। लगभग एक-दो वर्ष तक सेवा आदि करने के बाद मुझे संस्थान कमेटी द्वारा स्थायी रूप से पुजारी नियुक्त कर दिया गया।

कुष्ठरोग का निवारण—श्री लक्ष्मण भट्ट जोशी शिरडी निवासी ने बताया कि वे बचपन से ही साईं बाबा के साथ थे। मैं बाबा की मस्जिद में आता जाता रहता था और राधाकृष्ण भाई के लिए कोई न कोई काम करता रहता था। हम लोग रात्रि में बाबा के साथ ही चावड़ी में सोया करते थे। बाबा को भेंट में प्राप्त खाद्य सामग्री भी हम लोगों को खाने को मिलती थी। कई बार बाबा हँसतें हुए यह भी कहते थे कि ज्यादा मत खाओ। रात्रि में सोते समय बाबा मुझे दासगणु का या तुकाराम का कोई भजन सुनाने के लिए कहते थे। मैं कई बार साईं बाबा को दासगणु का यह गीत भी सुनाता था—"रहम नजर करो अब मोरे साईं" उन्हें यह बहुत पसंद था। कई बार मध्य रात्रि में बाबा स्वयं भी भजन गाते थे। वे कबीर के भी कुछ पद गाया करते थे। किंतु मुझे अब वे याद नहीं हैं।

बाबा समय-समय पर लोगों को रोग-मुक्त करते थे। किंतु उनका पूरा विवरण मुझे याद नहीं है। बाबा के निधन के पश्चात् बम्बई से एक मराठी महिला शिरडी आया करती थी जो कि कुष्ठ रोग से पीड़ित थी। वह बाबा की विभूति सेवन किया करती थी और बाबा के अभिषेक जल से स्नान

करती थी। लगभग दो वर्ष में उसका कोढ़ ठीक हो गया था। इसी तरह उसने और भी कई चमत्कार देखे हैं, पर उनका विवरण देना कठिन है।

बाबा ने हमारी जेबें खाली करवा लीं—थाना (बम्बई) के आनरेरी मजिस्ट्रेट श्री गणेश रघुनाथ ने बताया—"मैं 1914 में बाबा के जीवन-काल में शिरडी गया था। बाबा ने मुझसे एक रुपया दो आना और छह पाई की राशि भेंट करने के लिए कहा। जब मैंने अपनी जेब सम्भाली तो देखा कि उसमें उतनी ही राशि थी। मुझे इस बात की हैरानी हुई कि बाबा ने मेरी जेब की राशि किस प्रकार जान ली। मेरे साथ एक नर्स चन्द्राबाई भी आई हुई थी, उससे बाबा ने कहा—"छह रुपये सात आने भेंट करो।" उसके पास भी कुल उतनी ही राशि थी। अतः उसने वह राशि भेंट कर दी। इस तरह बाबा ने हमारी जेबें खाली करवा लीं।

'मैं उसे मरने नहीं दूँगा'—पूना के श्री मुकुन्द शास्त्री का साईं बाबा से गहरा सम्बन्ध था। वे सन् 1912 के बाद प्रायः शिरडी में रहते थे। उन्होंने अपने कुछ अनुभवों पर प्रकाश डालते हुए बताया है—"मैं एक बार नाना साहब चाँदोरकर के साथ ताँगे में जा रहा था। अचानक ताँगे का घोड़ा गिर पड़ा जिससे ताँगा भी लुढ़क गया किंतु हम दोनों ताँगे से कूद गये। हमें कोई चोट नहीं लगी।

जब आठ दिन बाद मैं शिरडी लौटा तो बापू साहब जोग ने मुझसे पूछा कि आठ दिन पहले बाबा एकाएक चिल्ला कर बोले—"नाना मरने वाला है किंतु मैं उसे मरने नहीं दूँगा।" क्या ऐसी कोई बात हुई थी। मैंने उन्हें ताँगा-दुर्घटना की पूरी बात बता कर उत्तर दिया—"हाँ, सचमुच में ही हम मौत के मुँह में चले गये थे, केवल बाबा की कृपा से ही बचे हैं।"

इससे ज्ञात होता है कि बाबा दूर बैठे भी अपने भक्तों की सुरक्षा का कितना ध्यान रखते थे यद्यपि इन लोगों को दुर्घटना के समय बाबा को पुकारने या उनका नाम लेने का अवसर नहीं मिला, फिर भी बाबा ने सब कुछ जानकर उनकी रक्षा की।

जैसा बोओ, वैसा काटो—साईं बाबा भक्तों की सदा सहायता करते हैं किंतु इसका यह तात्पर्य नहीं है कि वे उनके गुण या दुर्गुण नहीं देखते। जो

व्यक्ति कृपा-पात्र बनने योग्य होता है उसी को उनकी कृपा प्राप्त होती है—यह दूसरी बात है कि प्रार्थी की सच्ची प्रार्थना या उसके हार्दिक पश्चाताप एवं प्रायश्चित से द्रवित होकर भगवान उन्हें क्षमा कर दें।

सन् 1913-14 में श्री बी० लेसवे नामक एक सब-जज बाबा के पास शिरडी गये और उनसे प्रार्थना की "मैं बहुत संकट में हूँ, आप कृपा करके मुझे उससे मुक्त करवायें।" बाबा ने उसे उत्तर दिया—"जैसा बोओ, वैसा काटो।"

वे तीन-चार दिन तक शिरडी रहे किंतु बाबा का स्पष्ट आशीर्वाद उन्हें नहीं मिला। इसका कारण यह था कि वे रिश्वत लिया करते थे। ऐसा करते हुए वे पकड़े गये और उनकी जाँच आदि हो रही थी। ऐसी स्थिति में बाबा ने उनके पापों को देखते हुए अपना आशीर्वाद नहीं दिया। आगे चलकर वे अपराधी सिद्ध हुए तथा उन्हें कारावास की सजा हुई। बाबा से तो कुछ भी छिपा हुआ नहीं रहता—वे व्यक्ति के भूत, भविष्य एवं वर्तमान तीनों को जान लेते हैं।

बाबा ने स्वप्न में दीक्षा दी—दुर्गाघाट काशी के संन्यासी श्री नारायण ने अपने अनुभवों पर प्रकाश डालते हुए बताया कि उन्हें सर्वप्रथम साईं बाबा के बारे में जानकारी सन् 1910 में दास गणु महाराज से प्राप्त हुई तथा उसके पश्चात् वे शिरडी गये। बाबा से मिलकर वे इतने प्रभावित हुए कि उसके पश्चात् वे छह महीनों में नौ बार शिरडी गये। वस्तुतः शिरडी साईं बाबा वे ही संन्यासी थे ज़िनके दर्शन इन्होंने सन् 1895 में स्वप्न में किये थे तथा जिनसे इन्होंने स्वप्न में ही दीक्षा ली थी। अतः भेंट हो जाने पर उनके सम्बन्ध और भी गहरे हो गये।

जब ये संन्यास लेना चाहते थे तो बाबा ने इन्हें मना करते हुए कहा था—"मनुष्य जिन परिस्थितियों में है उसी में रहते हुए ही उसे आगे बढ़ने का प्रयास करना चाहिए।"

इन्होंने बाबा के व्यवहार के बारे में बताते हुए कहा—"वे भिन्न-भिन्न लोगों के साथ भिन्न-भिन्न प्रकार का व्यवहार करते थे। किसी के ललाट को हथेली से छू देते थे जिससे उसमें नई भावनाएँ जाग्रत हो जाती थीं। किसी के

ललाट को अपने हाथों से इस प्रकार दबाते थे मानो उसकी दुष्प्रवृत्तियों का दमन कर रहे हों। किसी के सिर पर वे प्यार से हाथ फेरते थे तो किसी को थपथपाते थे।''

हरे पेड़ को मत काटो—शिरडी निवासी रघुजी पटेल बाबा के उपासक थे। एक बार किसी झगड़े में फँस जाने के कारण इन्हें तथा इनके कुछ साथियों को कैद की सजा हो गयी। जब वे अहमदनगर की जेल में थे तो उन्होंने बाबा से निरंतर मुक्ति के लिए प्रार्थना की। तीन दिन बाद रात्रि में बाबा स्वप्न में आये और बोले—''डरो मत! मैं तुम सबको छुड़वा दूँगा।'' बाबा को देखकर स्वप्न में ही वे जोर-जोर से रोने लग गये। उनके रोने की आवाज सुनकर वहाँ ड्यूटी पर उपस्थित सिपाही दौड़ता हुआ आया और उसने इन्हें जगाया। अगले दिन ही धूमल नाम का एक एडवोकेट वहाँ आया और वह रघुजी पटेल और उनके साथियों को मुक्त करवाकर ले गया।

रघुजी पटेल एक बार जलाने के लिए किसी पेड़ की लकड़ी काट रहे थे तो उस समय भी बाबा ने स्वप्न में आकर इन्हें कहा—''हरे पेड़ से लकड़ी नहीं सूखे पेड़ से लकड़ी काटो।'' इस प्रकार बाबा न केवल मनुष्यों एवं पशु-पक्षियों का अपितु वृक्षों का भी ध्यान रखते हैं।

बाबा कितनी जल्दी प्रार्थना सुनते हैं!—दादर (बम्बई) निवासी श्री एस० ए० पटनाकर ने अपना अनुभव बताते हुए कहा—''मैं अपने किसी मित्र से साईं बाबा की प्रशंसा सुनकर उनकी ओर आकर्षित हुआ। मैंने अपने पूजा-घर में उनकी तस्वीर लगा ली और उनकी पूजा करने लगा। इसी बीच मेरे एक बच्चे को ज्वर होने लगा। रात्रि को दो-तीन बजे एक फकीर दिखाई दिया जिसने बच्चे को स्पर्श किया। मैंने उसे हाथ जोड़कर नमस्कार किया। उसने अपने हाथ से संकेत करके मुझे अपनी ओर बढ़ने से रोका और यह कहकर कि बच्चा जल्दी ठीक हो जायेगा, अदृश्य हो गये। अगले दिन जब बच्चे का ज्वर नहीं उतरा तो मैंने बाबा से प्रार्थना की। बच्चे का ट्रेम्प्रेचर ऊँचा था। मैंने थर्मामीटर हाथ में लेकर उसे बाबा की तस्वीर के पास रखते हुए कहा—''अगर आप हमारी देखभाल कर रहे हैं तो बच्चा कष्ट में क्यों है? अब मैं थर्मामीटर से बच्चे का ज्वर देखूँगा अगर इसका ट्रेम्प्रेचर सामान्य

हुआ तो मैं रामनवमी को बच्चे को लेकर शिरडी आऊँगा और यदि सामान्य नहीं हुआ तो मेरा विश्वास उठ जायेगा।" यह कहकर ज्योंही मैंने बच्चे का ट्रेम्प्रेचर लिया तो मुझे यह देखकर हैरानी हुई कि अब उसका ट्रेम्प्रेचर बिल्कुल सामान्य हो गया था। बाबा कितनी जल्दी प्रार्थना सुनते हैं।"

(25) ताँगेवाला अदृश्य हो गया

शिरडी निवासी श्री रामगिरि बाबू ने अपने अनुभव बताते हुए कहा—"जब पहली बार साईं बाबा शिरडी आये तो मैं विद्यार्थी था। बाबा के साथ धूपखेड़ा के एक पटेल भी आये थे जिन्होंने बाबा से अपनी प्रथम भेंट का विवरण देते हुए बताया था कि उनकी घोड़ी खो गई थी। उसे खोजते समय उनकी भेंट साईं बाबा से हुई। बाबा ने उनसे पूछा—"क्या खोज रहे हो?" पटेल ने उत्तर दिया—"मेरी घोड़ी खो गयी है। उसे खोज रहा हूँ।" तब बाबा ने अपनी अँगुली से संकेत करते हुए कहा कि तुम्हारी घोड़ी उस नाले के पास है। जब पटेल नाले के पास गया तो उसे घोड़ी मिल गयी।"

श्री रामगिरि ने अपने अनुभवों पर प्रकाश डालते हुए बताया—"एक बार मैं शिरडी से खानदेश जा रहा था तो बाबा ने मुझे बुलाया और कहा—"तुम जामनेर होते हुए जाना तथा विभूति का यह पैकेट और आरती जामनेर के डिप्टी कलेक्टर नाना साहब चाँदोरकर को देते जाना।" मैंने उत्तर दिया—"बाबा! मेरे पास तो कुल दो रुपये हैं, मैं इतनी राशि में जामनेर कैसे पहुँचूँगा?" तो बाबा ने उत्तर दिया—"भगवान् व्यवस्था कर देंगे।" मैं तुरंत रवाना हो गया तथा रात्रि पौने तीन बजे मनमाड पहुँच गया। आगे जामनेर जाने के लिए कोई साधन उपलब्ध नहीं था। इतने में एक सरकारी चपरासी ताँगा लेकर आया और मुझे अपने साथ जामनेर चलने के लिए कहा। मैंने सोचा कि नाना साहब ने ही यह ताँगा मेरे लिए भेजा है, अतः मैं उसमें बैठ गया। जब प्रातःकाल हम जामनेर के समीप पहुँचे तो मैं शौचादि से निवृत्त होने के लिए ताँगे से उतर गया। किंतु जब वापस लौटा तो ताँगा कहीं दिखाई नहीं दिया। नाना साहब के यहाँ पहुँच कर जब मैंने उनसे ताँगा भेजने के बारे में चर्चा की तो उन्होंने बताया कि उन्होंने कोई ताँगा नहीं भेजा

था। हमने चारों ओर पता किया किंतु इस बात का पता नहीं चला कि वह ताँगेवाला कौन था और किसने भेजा था तथा मुझसे एक पैसा लिये बिना ही उसने मुझे इतनी दूर क्यों पहुँचा दिया। बाद में बोध हुआ कि यह बाबा की ही लीला थी–उन्होंने ही मेरे लिए यह व्यवस्था की थी जिसका रहस्य कोई नहीं जान सकता।''

●

परवर्ती भक्तों के अनुभव

यद्यपि शिरडी साईं बाबा ने सन् 1918 में महासमाधि लेकर अपना शरीर त्याग दिया था किन्तु वे सूक्ष्म रूप में अब भी विद्यमान हैं और जैसा कि उन्होंने वचन दिया था, वे आज भी अपने भक्तों की पुकार सुनते हैं एवं उसका उत्तर देते हैं। वे भक्तों की हर प्रकार से सहायता करते हैं। इतना ही नहीं आवश्यकता होने पर वे सशरीर प्रकट होकर अपने भक्तों को विभिन्न रूपों में दर्शन भी देते रहते हैं। प्रस्तुत अध्याय में इसी प्रकार के चामत्कारिक अनुभव संकलित हैं जो कि 'श्री साईं लीला' पत्रिका में समय-समय पर प्रकाशित हुए हैं। इनसे ज्ञात होता है कि किस प्रकार बाबा आज भी पूर्णतः सशक्त एवं सक्रिय हैं। भक्तगण चाहे समुद्रों पार से याद कर रहे हों अथवा पहाड़ों की चोटियों पर पहुँच कर उन्हें पुकार रहे हों—बाबा सर्वत्र उनकी सहायता करते हैं। अस्तु, आगे विभिन्न अनुभव प्रस्तुत हैं।

(1) पहाड़ों की चोटी पर

श्री विपिन के० स्वादिया ने अपना अनुभव 'श्री साईं लीला' (मई '80) में प्रकाशित करवाते हुए निम्नांकित विवरण प्रस्तुत किया है।

मैं और मेरे साथी कुछ साल पहले हिमालय की सैर करने गए थे। यह कार्यक्रम ऑल इण्डिया यूथ एसोसियेशंन की तरफ से आयोजित किया गया था। पहाड़ों पर ट्रेकिंग करने, रोजाना मीलों एक साथ चलने का यह अनुभव बहुत ही रोमांचक था।

मैं अपनी ट्रेकिंग के पहले दिन कुछ अच्छा महसूस नहीं कर रहा था। मुझे बुखार हो रहा था। फिर भी मैंने तीन दिन लगातार अपने दोस्तों के साथ ट्रेकिंग करते हुए 50 किलोमीटर की दूरी तय की। मेरे लिए अब ट्रेकिंग

करना कठिन हो रहा था। मुझे बहुत तेज बुखार हो रहा था और वहाँ बहुत ठंड पड़ रही थी। मेरे साथियों को भी मेरी चिंता हो रही थी। उन्होंने मुझे उस दिन अपने साथ न ले जाने का निश्चय किया और मुझे अपने शिविर में लौटने के लिए कहा। मेरे पास भी इसके अलावा कोई रास्ता नहीं था इसलिए मैं अपने शिविर में लौट आया। इससे मुझे बड़ी निराशा हुई कि मैं कुछ तय नहीं कर पा रहा था। मैं बिस्तर में लेट गया और तीन-चार कम्बल ठंड से बचने के लिए ओढ़ लिए।

हम अपने शिरडी कैंप में आराम कर रहे थे जहाँ मैंने श्री साईं बाबा की प्रार्थना की। मेरी आँखों में आँसू थे और मैंने श्री साईं बाबा से प्रार्थना की कि वे मुझे ठीक कर दें और मेरी खोयी हुई शक्ति मुझे लौटा दें। मैंने उनसे प्रार्थना की कि वे मुझे 'मारगॉन पास' जो कि 12500 फीट की ऊँचाई पर है तक मेरी यात्रा पूरी होने दें। मैंने उनसे कहा कि यदि मैं वहाँ पहुँच गया और यदि मौत भी आती है तो उसे आने देना मुझे पहाड़ों पर मरने से कोई एतराज नहीं है। परन्तु मुझे विश्वास है कि मैं अपने कैम्प के साथ वापिस आऊँगा। मेरी यह साईं बाबा के साथ प्रार्थना करीब दो घण्टे तक चली। मैं अपने साथ साईं बाबा की विभूति भी ले गया था इसलिए मैंने इसे एक गिलास दूध के साथ पी ली।

श्री साईं बाबा ने मेरी प्रार्थना इतनी दूरी से भी सुन ली। भला साईं बाबा अपने भक्त की फरियाद कैसे नहीं सुनते। करीब आधी रात को दो बजे का समय होगा जब ठंड सबके आराम में बाधा डाल रही थी। मुझे धीरे-धीरे गर्मी प्राप्त होने लगी। मैं साई बाबा की उपस्थिति हर पल महसूस करने लगा। उसने मेरी प्रार्थना को स्वीकार कर लिया और मुझ पर कृपा की। मैं गहरी नींद में सो गया था।

उस दिन की सुबह मेरे लिए बहुत सुहावनी थी। जब मैंने पहाड़ पर चढ़ने की तैयारी की, मुझे कोई बुखार नहीं था। मैंने खुशी से श्री साईं बाबा के आगे माथा झुका दिया और मेरी आँखों में खुशी से आँसू आ गए। मेरी आवाज भावनात्मक हो गई कि उन्होंने मुझे इतनी जल्दी ठीक कर दिया।

मेरा स्वास्थ्य इतना ठीक हो गया था कि मैंने अपनी यात्रा के दौरान कभी थकान महसूस नहीं की। हमारा तय किया हुआ कार्यक्रम पूरा हो गया था और हम 12500 फीट की ऊँचाई पर पहुँच गए जहाँ कि कोहरा ही कोहरा था। हम प्रकृति की महानता को अनुभव कर सकते हैं और इसकी असाधारण नियंत्रण क्षमता को भी महसूस कर सकते हैं। इस प्रकार मैंने हिमालय पर चढ़ाई का अपना कार्यक्रम श्री साईं बाबा की कृपा से पूरा किया। मैं रोमांच के उन यादगार दिनों को कभी भी नहीं भूल सकता।

(2) साईं बाबा ने ट्रेन में आकर सहायता की!

बम्बई के श्री रामचन्द्रन ने अपना अनुभव 'श्री साईं लीला' (नवम्बर 1976) में प्रकाशित करवाते हुए लिखा है—"मैं एक रेलवे कर्मचारी हूँ। मैंने बाबा के सच्चरित्र को पढ़ा है जिसमें बाबा ने कहा है—'तुम क्यों चिंता करते हो जबकि मैं तुम्हारे साथ हूँ।' बाबा किस प्रकार अपने भक्तों की सहायता करते हैं, इसका अनुभव मैंने स्वयं भी प्राप्त किया है।

मेरी पत्नी की गर्भावस्था के दौरान हमें मेरी सास के बीमार होने का तार मिला। हमारी वहाँ उपस्थिति आवश्यक थी अतः मैंने डाक्टर से परामर्श करने के बाद और थोड़ी सी रकम साथ लेकर बम्बई से मद्रास मेल पकड़ ली। मैंने अपनी गर्भवती पत्नी की सुरक्षा के लिए बाबा से प्रार्थना की। मुझे इसका डर था कि यात्रा के दौरान कुछ हो गया तो मैं क्या करूँगा क्योंकि मेरी वित्तीय स्थिति भी अच्छी नहीं थी। अचानक मेरे भाई का लड़का स्टेशन पर आया और मुझे 100 रुपये देकर बोला "ये रुपये पिताजी को दे देना।" गाड़ी रवाना हो गई और अगली सुबह ही आठ बजे मेरी पत्नी को प्रसवपीड़ा होने लगी। गाड़ी रास्ते में थोड़ी देर के लिए रुकी और तभी एक साधु उस डिब्बे में आया और अपनी सीट पर बैठ गया। मैंने उस साधू बाबा से कहा कि "क्या वे मेरी पत्नी को दवाई आदि कुछ देकर मदद कर सकते हैं जिससे कि उसे प्रसव आसानी से हो जाए।" उस साधु ने तुरंत अपने झोले में से दवाइयों के पाउडर के तीन पैकेट निकाले। उसने एक पैकेट मेरी पत्नी को तुरंत पानी में घोलकर पिला दिया और शेष दो पैकेट बाद में दो-दो घंटे के अंतर से पिलाने के लिए कहकर दे दिये और शोलापुर स्टेशन पर उतर गया।

मेरी पत्नी ने साधु के निर्देशानुसार दोनों पैकेट पी लिए जिससे उसकी पीड़ा कम हो गयी।

जब गाड़ी आडोनी स्टेशन की तरफ बढ़ रही थी तो मेरी पत्नी शौचालय में गई और एक लड़के को जन्म दिया। जब गाड़ी आडोनी में रुकी तो अचानक एक महिला मेरे पास आई और बोली कि उसे हमारी मदद के लिए भेजा गया है; अतः हम लोग कोई चिंता न करें। उसने मुझसे एक चाकू लिया और एक दूसरी महिला के साथ शौचालय में चली गई। मेरी पत्नी को संभालने के बाद वे शौचालय से बाहर आईं और उन्होंने मुझे निश्चिंत रहने के लिए कहा। मैंने उन्हें इस सहायता के लिए कुछ रुपये भेंट किये किंतु उन्होंने नहीं लिए और अगले स्टेशन पर गाड़ी से उतर कर चली गयीं। मैं इस बात को कभी नहीं भूल सकता कि उन महिलाओं ने किस प्रकार मेरे बुलाये बिना ही हमारी सहायता की अन्यथा न जाने क्या होता। मेरा विश्वास है कि बाबा ही हमारी सहायता के लिए पहले साधु के रूप में और बाद में उक्त महिला के रूप में आये थे। वस्तुतः बाबा ने ठीक ही कहा है—"मैं तुम्हारे साथ हूँ!"

(3) बेटी के विवाह की समस्या कैसे हल हुई ?

कानपुर के डॉ० बी०जी० दास ने 'श्री साईं लीला' (जुलाई '82) में अपनी एक परिचित महिला का विवरण प्रस्तुत किया है। वे एक इंटरमीडिएट कालेज की प्रबन्ध समिति के सदस्य हैं। उसी कालेज में एक विधवा अध्यापिका कार्य करती थी जिसकी लड़की के विवाह में दहेज की समस्या उपस्थित हुई। पहले तो उस अध्यापिका को अपनी लड़की के लिए कोई वर ही नहीं मिला। उसकी लड़की सुंदर और सुशिक्षित थी किंतु फिर भी कोई उपयुक्त लड़का नहीं मिला। अंत में एक परिवार के साथ उनकी बातचीत हुई। उस परिवार में एक लड़का जो कि सरकारी नौकरी कर रहा था। उसके साथ लड़की के विवाह की बात पक्की हो गई किंतु फिर भी लड़के वाले विवाह की कोई तिथि निश्चित करने के लिए तैयार नहीं हुए। लड़की की माँ बार-बार उनके यहाँ चक्कर लगाती थी किंतु लड़के वाले कोई स्पष्ट उत्तर नहीं देते थे। इसी तरह से तीन वर्ष बीत गए फिर भी विवाह की तिथि

निश्चित नहीं हुई। अंत में लड़की की माँ ने लड़के वालों से स्पष्ट रूप से जानना चाहा कि वास्तव में क्या बात है, तो उन्होंने बताया कि वे विवाह में तीस हजार रुपये नकद दहेज के रूप में चाहते हैं। यह बात सुनकर लड़की की माँ बहुत दुःखी एवं परेशान हो गई क्योंकि इतनी रकम की व्यवस्था करना उसके लिए संभव नहीं था। इस स्थिति में वह डॉ० बी०जी० दास से मिली। वे भी उसकी बात सुनकर बहुत दुःखी हुए। वे स्वयं श्री साईं बाबा के उपासक हैं, अतः उन्होंने उस महिला से कहा कि यदि तुम अपना सारा दुःख-दर्द बाबा पर छोड़ दो और उन पर पूरी तरह विश्वास करो तो दुःख दूर हो सकते हैं। उस महिला ने ऐसा ही किया। वह बाजार से बाबा का एक सुंदर चित्र ले आई और उसे अपने घर में लगा दिया तथा उनकी पूजा करनी आरंभ कर दी।

इस बात को लगभग 15 दिन हुए थे कि एक दिन वह महिला पुनः डॉ० दास के यहाँ पहुँची। इस बार वह बहुत ही प्रसन्न दिखाई दे रही थी। जब डॉ० दास ने उससे पूछा तो उसने बताया कि लड़के वालों का आज अपने-आप ही संदेश प्राप्त हुआ है कि वे जल्दी से जल्दी विवाह करना चाहते हैं। अब उन्होंने 30 हजार रुपये की माँग भी छोड़ दी है। इस बात से डॉ० दास को भी प्रसन्नता हुई।

इसके कुछ समय बाद ही लड़की का विवाह निश्चित हो गया। विवाह के कुछ दिन पहले ही लड़की कीं एक दूर की रिश्तेदार महिला उससे मिलने आई। वह बहुत धनाढ्य थी किंतु विधवा और निःसंतान थी। उसने प्रसन्नतापूर्वक लड़की के लिए कुछ आभूषण बनवा दिए। इसी प्रकार विवाह के दिन बहुत से परिचितों ने लड़की को अनेक सुंदर-सुंदर उपहार दिए जिनकी कोई आशा नहीं थी। विवाह खूब धूम-धाम से सम्पन्न हो गया और लड़के वाले भी संतुष्ट होकर लौटे। इस प्रकार साईं बाबा की कृपा से उस महिला की सभी समस्यायें हल हो गयीं।

(4) 'जाको राखे साईंयाँ..........'

आबू रोड़ के श्री एम० डी० पंडित ने अपने एक मित्र का अनुभव 'श्री साईं लीला' (अप्रैल '86) में प्रकाशित करवाते हुए लिखा है—''आबू रोड़ में

मेरे एक घनिष्ट मित्र हैं—डाक्टर एस० एल० तंवर इनका अपना क्लीनिक है जो 'साईं बाबा अस्पताल' के नाम से जाना जाता है। डाक्टर साहब श्री साईं बाबा के परम भक्त हैं। बाबा के प्रति इनकी अटूट श्रद्धा एवं दृढ़ विश्वास है। इनके नवनिर्मित भवन 'साईं सदन' में एक छोटा-सा मन्दिर है जिसमें श्री शिरडी साईं बाबा की सुन्दर प्रतिमा है। यहाँ प्रति गुरुवार भजन का कार्यक्रम होता है।"

दिनांक 30-8-85 को एक ऐसी घटना घटी जिसकी कल्पना मात्र से ही मन काँप जाता है। डाक्टर साहब को रक्षा बन्धन का त्यौहार मनाने अपने पैतृक स्थान सोजत सीटी (राजस्थान) जाना था। वे सुबह साढ़े तीन बजे ही उठ गये तथा बाबा की सेवा-अर्चना से निवृत्त होकर अपनी पत्नी एवं दो बच्चों के साथ अपनी नई फियट कार (आर० जेड० डब्ल्यू० 5081) में साढ़े चार बजे रवाना हो गए। प्रातःकालीन वेला तथा सुहावना मौसम था। टेप-रिकार्डर पर बाबा के भजन चल रहे थे। डाक्टर साहब स्वयं ही कार चला रहे थे तथा बाबा के भजनों का आनन्द ले रहे थे। करीब पन्द्रह किलोमीटर जाने के बाद एक ट्रक जो कार के आगे-आगे जा रहा था अचानक खड़ा हो गया। डाक्टर साहब भजनों में इतने लीन थे कि उन्हें ध्यान ही नहीं रहा कि ट्रक खड़ा है या चल रहा है। जब वे ट्रक के बिल्कुल पास आ गये तब उन्हें ध्यान आया कि ट्रक खड़ा है। उन्होंने शीघ्र ही स्टीयरिंग घुमाया और बाजू से निकलना चाहा, किंतु घबराहट के कारण वे कार पर काबू नहीं पा सके और कार साइड में उलट कर टेढ़ी हो गई। खिड़की का शीशा टूट गया और एक बच्चा बाहर जा गिरा। किन्तु बाबा बड़े ही दयालु हैं। भला! वे अपने भक्त को कष्ट में कैसे देख सकते हैं। बाबा की कृपा से किसी को जरा भी चोट नहीं आई। किसी तरह सबको कार से बाहर निकाले। पास के खेतों में काम करने वाले कुछ लोगों की मदद से कार को सीधा किया गया। कार बिल्कुल चालू हालत में थी। फिर उसी कार द्वारा डाक्टर साहब सोजत सीटी पहुँचे तथा रक्षा बन्धन का त्यौहार अपने परिवार के साथ धूमधाम से मनाया। इस तरह बाबा की कृपा से उनका परिवार बाल-बाल बच गया।

(5) साईं बाबा मेरे लिए ऊन लेकर आये

साईं बाबा अपने भक्तों की छोटी-छोटी बातों का भी ध्यान रखते हैं और उनकी आवश्यकता-पूर्ति के लिए सब कुछ करते हैं। इसी बात की पुष्टि बेलगाम (कर्नाटक) की श्रीमती सीता निगम के निम्नांकित अनुभव से होती है जो कि 'श्री साईं लीला' के अप्रैल, 1980 के अंक में प्रकाशित हुआ है—

पिछले साल जब हम छुट्टियों में कानपुर जा रहे थे तो हमने शिरडी बाबा के दर्शनों के लिए जाने की योजना बनाई। हमें 15 अक्टूबर 1979 को जाना था और नवम्बर के प्रथम सप्ताह तक आने का कार्यक्रम था। उत्तर भारत में इस समय काफी सर्दी होती है। जब हम यात्रा का कार्यक्रम बना रहे थे तो मैंने अपने पति से कहा कि हमारे छोटे लड़के के पास पूरी बाजू वाला स्वेटर नहीं है, वहाँ ठंड काफी होगी इसलिए आप मुझे स्वेटर के लिए ऊन ला दीजिये। उन्होंने मेरे इस प्रस्ताव को यह कहकर अस्वीकार कर दिया कि हम कानपुर तो जा ही रहे हैं वहाँ पर ऊन सस्ती मिलती है और वहाँ ऊन की अनेक किस्में भी मिलती हैं। यद्यपि उनके इस तर्क को सुनकर मैं उस समय तो चुप हो गई लेकिन मुझे मेरे बेटे की चिंता होने लगी कि वहाँ बहुत ठंड होगी।

एक दिन सुबह करीब 11 बजे की बात है। मैं अपने घर के बाहर बने पार्क में बैठी थी। शिरडी की यात्रा के बारे में सोचने लगी। मुझे यह भी चिंता सताने लगी कि मेरे बेटे के पास फुल बाजू का स्वेटर नहीं है। मैंने उसी समय 'साईं बाबा' से प्रार्थना की "हे साईं बाबा हम आपके दर्शनों के लिए आ रहे हैं लेकिन वहाँ ठण्ड बहुत है और मेरे बेटे के पास पूरी बाजू का स्वेटर नहीं है। यदि उसे कुछ हो गया तो इसकी जिम्मेदारी आपकी होगी, साईं बाबा! ऊन प्राप्त करने में मेरी मदद करो।"

मैं अभी ऐसा सोच ही रही थी कि मुझे अपने घर के सामने एक बुड्ढा आदमी दिखाई दिया जो कि ऊन का बंडल अपने सिर पर रखे आ रहा था। मैंने उससे पूछा, "बाबा ऊन लाए हो क्या?" बाबा ने मुझसे सहमत होते हुए मेरे पास आकर कहा कि "बेटी, तुम्हें ऊन चाहिए, आओ और चुन लो।" हमारे यहाँ सामान बेचने वाले जो हाकर्स आते हैं वे औरतों को 'बाई'

कहकर सम्बोधित करते हैं जबकि उसने मुझे 'बेटी' कहा। लेकिन उस समय मैंने इस बात पर ध्यान नहीं दिया और ऊन चुनने लगी। मैंने उन्हें उस समय बहुत गंभीरता से भी नहीं देखा।

बाबा ने मुझे ऊन दिखाई और मैंने उसमें से अपनी मनपसंद ऊन चुन ली। जब मैंने ऊन की कीमत पूछी तो बाबा ने जो कीमत बताई वह मेरे ख्याल से कुछ अधिक थी। मैंने बाबा से कहा कि उसने जो कीमत बताई है उतनी रकम मेरे पास नहीं है। बाबा ने कहा, "बेटी, तुम कीमत की चिंता मत करो, तुम्हें जो ऊन पसंद है वो ले लो और मुझे तुम्हारे पास जितने भी पैसे हों, दे दो।" उस बाबा ने यह भी कहा कि यदि तुम्हारे पास पैसे नहीं हैं तो कोई बात नहीं तुम अपने बच्चे के लिए ऊन मेरी तरफ से ले लो। मैंने इसका विरोध करते हुए कहा कि मैं बिना पैसे दिए ऊन नहीं लूँगी। मैं अपने घर में गई और मेरे पास जो भी खुले पैसे थे ले आई। तब भी मैं दुःखी थी कि मेरे पास ऊन लेने के लिए पर्याप्त पैसे नहीं थे। बाबा मेरी परेशानी को समझ गया और बोला, "बेटी, मैंने तो तुमसे पहले ही कहा था कि यदि पैसे नहीं हैं तो चिंता मत करो, मेरी तरफ से ऊन ले लो।" यह कहते हुए उसने मुझसे वे थोड़े से पैसे ले लिए और अपना बंडल उठाकर आगे चला गया।

मैं अपने हाथ में ऊन लेकर उस बुढ्ढे बाबा को जाते हुए देखने लगी। अचानक मैंने देखा कि वह बुड्ढा बाबा गायब हो गया है। उसके बाद वह बाबा मुझे वहाँ कभी भी नहीं दिखाई दिया। मैं सोचती हूँ कि यह आदमी और कोई नहीं था वह स्वयं साईं बाबा ही थे। वह अपने बच्चों से इतना प्रेम करते हैं कि उनके लिए कुछ भी कर सकते हैं। मैंने कुछ दिनों के बाद यह घटना अपने पति को भी बताई जबकि स्वेटर तैयार हो गया था। उन्हें भी बहुत हैरानी हुई। श्री साईं बाबा सचमुच महान् हैं। वे अपने भक्तों का कितना ध्यान रखते हैं—यह इससे स्पष्ट है।

(6) बस की सूचना

बाबा अपने भक्तों की किस प्रकार सहायता करते हैं इसका एक उदाहरण श्री आर० राधा कृष्णन्, कलकत्ता वासी ने 'श्री साईं लीला (दिसम्बर '83)

में प्रस्तुत करते हुए बताया है कि वे प्रति गुरुवार को अपने मित्र श्री गोपीनाथ के घर सायंकाल सात बजे शिरडी साईं बाबा की प्रतिमा की पूजा एवं आरती करने के लिए जाया करते थे। इसके लिए भी अपने घर से कुछ दूर जाकर विश्वेश्वर नगर के लिए बस पकड़ा करते थे किंतु 22 अक्टूबर 1981 को ऐसा हुआ कि वे आधा घंटे तक बस का इंतजार करते रहे फिर भी बस वहाँ नहीं पहुँची। ऐसी स्थिति में उन्होंने मन ही मन बाबा से कहा कि बाबा आज तो बहुत देर हो गई है अब तक तो मुझे मेरे मित्र के घर पहुँच जाना चाहिए, बस आ ही नहीं रही है अब क्या करूँ? उन्होंने ये शब्द मन में ही कहे थे कि उसके तुरंत बाद वहाँ एक नवयुवक आया और उसने मुझसे कहा कि आपको पता नहीं है कि आज विश्वेश्वर नगर वाली बस नहीं आयेगी। जब उन्होंने इसका कारण पूछा तो उसने उत्तर दिया कि कुछ विद्यार्थियों ने आंदोलन करते हुए विश्वेश्वर नगर वाली बस को जला दिया है। इसलिए वह आज नहीं आ रही है। यह बात बताकर वो युवक अदृश्य हो गया। खैर हम लोग वहाँ से अपने एक मित्र नंदलाल की दुकान तक पैदल चले गए और वहाँ जाकर अपने मित्र गोपीनाथ को फोन करके सारी बात बता दी। उसने तुरंत ही वहाँ अपनी कार हमें लेने के लिए भेज दी और इस प्रकार हम बाबा की पूजा में सम्मिलित हो गए। मेरा विश्वास है कि वह युवक कोई और नहीं था संभवतः स्वयं बाबा ही हमारी कठिनाई को देखकर उपस्थित हुए थे।

(7) साईं ने मुझे नया जीवन दिया !

भगवान शिरडी साईं बाबा की कृपा से किस प्रकार एक शराबी के जीवन में परिवर्तन आ जाता है। इसका विवरण प्रस्तुत करते हुए बम्बई के श्री एस० एस० राज ने जनवरी 1989 की 'श्री साईं लीला' में एक लेख प्रकाशित करवाया है जिसका शीर्षक है "मुझे साईं बाबा की अनुकम्पा से किस प्रकार नया जीवन प्राप्त हुआ।"

इस लेख में दिए गए विवरण के अनुसार श्री राज 1982 से पहले मस्कट (अफ्रीका) में नौकरी करते थे। वहाँ उन्हें शराब पीने की आदत बुरी तरह से पड़ गई। वहाँ से लौटकर वे बम्बई में रहने लग गए किंतु कोई उपयुक्त

नौकरी नहीं मिली। जिससे उनके द्वारा अर्जित सम्पत्ति धीरे-धीरे समाप्त होने लगी। साथ ही बेरोजगारी की स्थिति में उनकी शराब की आदत भी और अधिक बढ़ गई और वे रात-दिन शराब के नशे में ही अपना जीवन व्यतीत करने लगे किंतु अब शराब खरीदने के लिए भी उनके पास पर्याप्त पैसे नहीं थे। ऐसी स्थिति में उनके मित्र नारायण ने उन्हें परामर्श दिया कि वे अपने कष्टों से मुक्ति के लिए शिरडी यात्रा करें। इस पर उन्होंने हँसकर उत्तर दिया कि यदि मेरे पास शिरडी जाने के लिए पैसे होते तो क्या मैं उस पैसे से थोड़ी शराब ही न पी लेता। इस तरह उन्होंने उस बात को हँसी में टाल दिया।

श्री नारायण उन्हें शिरडी ले जाने के लिए बराबर समझाते रहे और अंत में वे उनके साथ अक्टूबर 1984 में शिरडी यात्रा के लिए तैयार हो गए। वहाँ उन्होंने अपने लिए किसी नौकरी के लिए प्रार्थना की। यह आश्चर्य की बात थी कि शिरडी यात्रा से लौटने के एक सप्ताह बाद ही श्री राज को एक छोटी-सी नौकरी बम्बई में मिल गई। इससे राज के मन में बाबा के प्रति आस्था उत्पन्न हो गयी अतः इसके कुछ महीनों बाद ही वे पुनः शिरडी यात्रा के लिए गए और बाबा से प्रार्थना की कि वे उसे कोई और अधिक अच्छा काम दें। वहाँ से लौटने के बाद उनकी इच्छा भी पूरी हो गई और उन्हें बहुत अच्छा काम बम्बई में मिल गया।

उपर्युक्त घटना के बाद तो श्री राज के मन में बाबा के प्रति किंचित भी संदेह नहीं रहा और उन्होंने पूर्णतः बाबा के समक्ष स्वयं को समर्पित कर दिया इसलिए उन्होंने पुनः बाबा से प्रार्थना की कि शराब की आदत से मुक्त कर दें। इसके कुछ समय बाद ही श्री राज को एक सज्जन ने नई नौकरी का प्रस्ताव किया किंतु यह नौकरी ढोहा में थी जहाँ कि पूर्णतः नशाबन्दी है। श्री राज ने यह बात जानते हुए भी नया प्रस्ताव स्वीकार कर लिया और वे ढोहा चले गए जहाँ शराब किसी भी मूल्य पर नहीं मिलती। राज ने सहर्ष ही इस स्थिति को स्वीकार किया और साथ ही बाबा से प्रार्थना करते रहे जिसका परिणाम यह हुआ कि अब उनकी शराब की आदत बिल्कुल छूट गई है। वे दो वर्ष ढोहा में रहे जहाँ उन्होंने एक बूँद भी शराब नहीं चखी।

ढोहा से लौटकर पुनः वे बाबा की शरण में गए और उनसे प्रार्थना की कि बाबा अब नौकरी करते तंग आ गया हूँ अब कोई मुझे अपना काम करने

का रास्ता दिखाए। बाबा ने उनकी यह प्रार्थना भी सुन ली और इसके पश्चात् उन्होंने एक उपहार सम्बंधी वस्तुओं के बनाने का एक छोटा-सा धंधा चालू किया जिसमें उन्हें बहुत अच्छी सफलता मिली। इस प्रकार श्री राज इसी निष्कर्ष पर पहुँचे हैं कि साईं बाबा को समर्पित हो जाने के पश्चात् उनका पूरा जीवन ही बदल गया। वस्तुतः यदि वे यह भी अनुभव करें कि बाबा ने उनके पुराने जीवन को बदलकर उन्हें नया जीवन प्रदान कर दिया तो यह अतिशयोक्ति नहीं होगी।

(8) बाबा ने प्राणों की रक्षा की

मद्रास के श्री गोविन्दाराव ने 'श्री साईं लीला' (अगस्त '79) में अपने अनुभव प्रकाशित करवाते हुए लिखा है—"मेरी डायरी के अनुसार सन् 1954 का वर्ष मेरे लिए बहुत ही आश्चर्यजनक था क्योंकि इस वर्ष में दो बार ऐसी स्थितियाँ उत्पन्न हुईं जब कि मेरे जीवन का अन्त हो जाता किन्तु साईं बाबा की सहायता से ही मैं बच गया।"

आंध्र राज्य का निर्माण 1953 में हुआ था। इस राज्य के लिए सरकारी कर्मचारियों की अलग से सूची बनाई जिसमें मद्रास संयुक्त राज्य से कर्मचारियों को चयनित किया गया था। मेरी नौकरी भी दो साल के लिए आंध्र प्रदेश में लगाई गई इसलिए मुझे 1955 तक विशाखापट्टनम में रहना था।

मैंने अपने एक दोस्त से एक कार खरीदी जिसकी कीमत मेरे ख्याल से उसकी हालत के हिसाब से सही थी। उसने मुझे विश्वास दिलाया कि कार अच्छी हालत में है और एक लम्बे समय तक सर्विस की आवश्यकता नहीं है। यद्यपि मैं एक अच्छा ड्राइवर था लेकिन मुझे कार की कमी परखने की योग्यता नहीं थी इसलिए मैंने उसे एक मैकेनिक को दिखाया जो उसकी जाँच कर सके।

मेरे साथ यह घटना 15 अगस्त को हुई। यहाँ पर समुद्र के साथ पहाड़ों की करीब 2000 फीट ऊँची श्रृंखला है। इस पहाड़ी श्रृंखला के किनारे पर मकान बने हैं और साथ में ही सड़क बनी हुई है। हम के० जी० अस्पताल के आगे करीब-करीब इस पहाड़ी के ऊपर रह रहे थे। मुझे कार 15 अगस्त को

दोपहर को मिल गयी थी और मैंने इसे अपने गैराज में, जो कि मेरे घर से करीब 500 फीट ऊपर था, रखवा दिया। मेरी छोटी लड़की जो कि करीब 12 साल की थी, उसने भरतनाट्यम सीखा था और स्कूल में काफी प्रसिद्धि पाई थी। उस दिन स्वतंत्रता दिवस पर मेरी बेटी का डांस कार्यक्रम शाम को 5 बजे था। मेरी पत्नी और मेरी बेटी तैयार हो गये थे। मैंने उनसे कहा कि आप थोड़ी देर तक इंतजार करो जब तक मैं कार गैराज से लेकर आता हूँ। मेरी पत्नी ने मेरे साथ गैराज तक जाने को कहा तो हम दोनों गैराज में पहुँचे और कार में बैठकर आ रहे थे तभी मैंने देखा कि कार का पैर और हाथ वाले ब्रेक नहीं लग रहे हैं। हम एक दुविधा में फँस गए और नहीं जानते थे कि क्या करें। हमे लगा कि हम दोनों कार समेत समुद्र में डूब जायेंगे और मर जायेंगे। हमने बाबा को याद किया। सड़क के किनारे सड़क के साथ-साथ गड्ढा था और बायीं तरफ एक दीवार थी। हमने अपनी कार दीवार से टकरा दी और हमारी कार के बायीं तरफ के पहिए हवा में चलने लगे। मैंने तुरंत कार का इंजन बंद कर दिया और बिना किसी खरोंच के हम कार से बाहर निकल आए। इस प्रकार यह मौत को एक शानदार ढंग से पराजित किया। जब कार को गड्ढे से निकाला गया तो जिस मैकेनिक से इसकी जाँच करवाई तो उसने बताया कि कार को कोई नुकसान नहीं हुआ है केवल बायीं तरफ कलर पर कुछ खरोंचे जरूर आई हैं क्योंकि यह दीवार से टकराई थी। उसने जाँच करके बताया कि ब्रेक के जो मास्टर सिलेण्डर होते हैं उसमें एक बूँद भी तेल नहीं था क्योंकि यह लीक कर रहा था और हाथों के ब्रेक की तार भी कट गई थी। उसके तार बदलने योग्य थे। उसने ये भी बताया कि जब यह कार उसके पास पहले मरम्मत के लिए आई थी तो उसने पहले वाले मालिक को बताया था कि इसके मास्टर सिलेण्डर बदलने योग्य हैं और तारें भी बदली जानी हैं तो उसने कहा कि मैं इस कार को बेच रहा हूँ। अब जो इस कार को खरीदेगा, वही इसकी मरम्मत पर खर्च करेगा। उसी दिन से मैं किसी भी आदमी का विश्वास नहीं करता क्योंकि मेरे दोस्त ने मुझे धोखा दे दिया था। मैं सिर्फ साईं बाबा पर विश्वास करता हूँ जिन्होंने मुझे इस मुसीबत से बचाया। मेरे साथ दूसरी घटना भी इसी प्रकार की है। जिसमें मेरी जान को खतरा था और साईं बाबा ने मेरी मदद की थी।

यह घटना अक्टूबर 1954 की है। एक रात को जब मैं खाना खा रहा था तो मुझे अपने गले में चुभन महसूस हुई तो मैंने सोचा कि कोई सब्जी गले में लग गयी होगी इसलिए मैंने उस पर ध्यान नहीं दिया। परंतु मेरे गले में यह चुभन लगातार होती रही और शायद इसी कारण मैं कुछ भी खा-पी नहीं सकता था। मैंने तुरंत नाक-कान-गला विशेषज्ञ से सलाह ली और उसने बताया कि कोई खास बात नहीं है और उसने गले पर कोई मलहम लगा दी। लेकिन यह दर्द लगातार बना रहा। मैंने फिर उस विशेषज्ञ को दिखाया तो उसने बताया कि डायग्नोसिस नहीं है इसलिए वह कुछ उपचार करने में असमर्थ है। मैं अस्पताल में भर्ती हो गया। मुझे भूख और प्यास लग रही थी लेकिन मैं कुछ भी खा-पी नहीं सकता था। मेरे बहुत से डाक्टर मित्र थे वे मुझे देखने आते और वे भी कुछ करने में असमर्थ थे। लगता था कि मौत मेरे सिर पर मँडरा रही है। मेरी पत्नी और बच्चे भी मेरे जीने या ठीक होने की आशा छोड़ चुके थे और वे बहुत दुःखी थे। लेकिन मुझे अपने भगवान् साईं बाबा पर पूरा भरोसा था और ठीक होने की पूरी उम्मीद थी। मैंने लगातार प्रार्थना की। मुझे आशा थी कि वे सही समय पर मेरी मदद के लिए आयेंगे। सातवें दिन की सुबह मैंने एक सपना देखा कि श्री साईं बाबा मेरे गले में प्रवेश कर गए थे। जब साईं बाबा मेरे गले में गए तो मैंने महसूस किया कि मेरे गले में कोई चीज अड़ रही है। मुझे जोर से उल्टी आई और मैंने उसी समय राहत महसूस की। मैंने अपनी पत्नी से पानी पिलाने के लिए कहा क्योंकि मैं अब कुछ भी खाने-पीने के योग्य हो गया था। हम बहुत खुश थे क्योंकि बाबा ने मेरी जान बचाई थी। अगले दिन चिकित्सक ने बताया कि शायद मेरी आहार नलिका के पीछे कोई चीज फँस गई थी और इसलिए मैं कुछ भी नहीं खा-पी सकता था। उसने आश्चर्य किया कि ये फँसी हुई चीज मुँह के जरिए बाहर आ गयी, जब कि चिकित्सक आपरेशन के बाद भी उस चीज को बाहर निकालने में असमर्थ थे। यह सब श्री साईं बाबा की कृपा का परिणाम है।

(9) परीक्षा में अप्रत्याशित सफलता

श्री शिरडी साईं बाबा अपने भक्तों की किस प्रकार सहायता करते हैं–इसका एक उदाहरण हैदराबाद के श्री बी० पाण्डुरंगा रेड्डी ने 'श्री साईं

लीला' के सितम्बर '84 के अंक में प्रकाशित करवाया है। जिसमें उन्होंने बताया है कि उनके पिताजी श्री साईं बाबा के बहुत पुराने अनुयायी हैं। उनके घर में बाबा की ऊदी या विभूति का प्रयोग नियमित रूप से किया जाता है। जब लेखक अपनी मैट्रिक की परीक्षा की तैयारी कर रहे थे तो उनका एक पेपर तैयार नहीं हो सका था जिसके कारण वे बहुत ही चिंतित थे। जब उनके पिता को इस बात का पता लगा तो वे उनके लिए प्रार्थना करने शिरडी गए और वहाँ से लौटकर उन्होंने उसे बाबा की विभूति दी और उसका उसे नियमित रूप से प्रतिदिन सेवन करने का निर्देश दिया।

जब परीक्षा आरंभ हुई–पहले दिन मुझे घबराहट हुई क्योंकि मेरी तैयारी पूरी तरह नहीं हुई थी किंतु मेरे पिताजी ने कहा कि तुम बाबा पर पूरा विश्वास करो और सब कुछ उन पर छोड़ दो। अतः मैं बाबा की विभूति लेकर परीक्षा देने गया। मुझे भय था कि परीक्षा भवन में मुझे दिल का दौरा पड़ जायेगा किंतु वहाँ ऐसा कुछ भी नहीं हुआ। बाबा का कुछ ऐसा चमत्कार हुआ कि मेरे सारे पेपर अच्छी तरह हो गये। अंत में जब परीक्षाफल आया तो ज्ञात हुआ मुझे 75 प्रतिशत अंक प्राप्त हुए हैं। इस प्रकार अगली परीक्षा में भी मेरा अंग्रेजी का पेपर बहुत कमजोर हुआ था किंतु बाबा से प्रार्थना करने के फलस्वरूप उसमें भी मुझे 70 प्रतिशत अंक प्राप्त हुए।

श्री रेड्डी का पूरा विश्वास है कि यह सफलता उन्हें अपनी मेहनत के बल पर नहीं अपितु बाबा की विशेष कृपा के कारण ही प्राप्त हुई।

(10) शिरडी से आया एक ब्राह्मण !

साईं बाबा पर पूर्णतः आश्रित हो जाने पर किस प्रकार कोई भक्त किसी असाध्य रोग से भी मुक्त हो सकता है–इसका दृष्टांत निम्नांकित अनुभव में मिलता है जो पठानकोट के श्री अमरनाथ ने 'श्री साईं लीला' (अक्टूबर, '79) में प्रकाशित करवाया है।

"दिनांक 14-6-76 को मेरे उदर में भयंकर पीड़ा हुई। इसका निदान न हो पाने के कारण मैं तीन दिन तक असाध्य वेदना से छटपटाता रहा। चौथे दिन जब मुझे एक डाक्टर के पास ले जाया गया तो उसने देखने के बाद

बताया कि मुझे एपेंडिस की गंभीर बीमारी है, अतः तुरंत आपरेशन करना होगा अन्यथा नस फट जाने का डर है। मेरे सारे रिश्तेदार यह सुनकर स्तम्भित हो गये और वे किसी भी तरह आपरेशन के लिए तैयार नहीं थे क्योंकि तीन माह पूर्व ही 35 वर्ष की आयु में मेरे छोटे भाई का देहांत हो गया था। मुझे किसी ने भी न तो बीमारी के बारे में बताया और न ही आपरेशन के बारे में। यही कहा गया कि मुझे दवाई बताई है।

मुझे घर लाने के बाद परिवार के सभी लोग दुःखी थे। किंतु मुझे साईं नाथ भगवान् की कृपा से यह बोध हो गया था कि मुझे एपेंडिस है। जब मैंने घरवालों को यह बात बताई तो सभी लोगों की आँखों में आँसू आ गये। मैंने सबको आश्वासन दिया कि मैं साईं भगवान् की शरण में हूँ, अतः मुझे कुछ नहीं होगा—वे निश्चिंत रहें। सायंकाल की आरती के बाद मैंने साईं बाबा की मूर्ति के समक्ष प्रणाम करके कहा—"साईं नाथ! यदि आप चाहते हैं कि मैं जीवित रहूँ तो जिऊँगा अन्यथा जैसी आपकी इच्छा हो वह होगा।" यह कहकर मैंने संकल्प लिया कि मैं कोई भी दवा सेवन नहीं करूँगा। केवल उनकी ऊदी (विभूति) मात्र लूँगा। मैंने वैसा ही करना शुरू कर दिया।

कुछ दिनों के बाद मुझे दूसरे डाक्टर को दिखाया गया। उसने भी कहा कि यद्यपि इस समय पीड़ा कम हो गई है किंतु एक महीने के भीतर दूसरा दौरा पड़ सकता है, अतः तुरंत आपरेशन करवा लेना चाहिए। किंतु इसके बाद दो महीने बीत गये फिर भी बाबा की कृपा से कुछ भी नहीं हुआ। इसके पश्चात् मेरे मन में शिरडी जाने की इच्छा हुई किंतु अभी पूरी तरह स्वस्थ नहीं हुआ था। कभी-कभी अचानक दर्द होने लग जाता था। अतः घर के लोग शिरडी ले जाने के लिए तैयार नहीं हुए। मैंने जैसे-तैसे अपनी पत्नी को समझा-बुझाकर इसके लिए तैयार किया किंतु उसके भी तेज बुखार हो गया। वह चार-पाँच दिन तक अस्वस्थ रही। यहाँ भी बाबा ने मेरी सहायता की। मैंने थोड़ी विभूति ली और बाबा से प्रार्थना करके उसे पानी में घोलकर अपनी पत्नी को पिला दी। इसके थोड़े समय बाद ही उसका बुखार उतर गया और एक दिन में ही 99 डिग्री पर आ गया। अस्तु, मैं भगवान् की अनुमति पाकर 27-8-76 को शिरडी के लिए रवाना हो गया। यह बात मैंने

अपनी पत्नी के अतिरिक्त किसी भी और को नहीं बताई। रविवार 29-8-76 को द्वारकामाई में श्री बाबा के सामने बैठे हुए मैंने प्रार्थना की—"साईं बाबा! क्या आप चाहते हैं कि अपना दर्द दूर करने के लिए आपसे प्रार्थना करूँ। हे साईं नाथ! मैं तो आपसे कुछ और माँगना चाहता था मेरे पर कृपा करें और मुझे अपना आशीर्वाद दें।" यह कहकर मैंने अपना सिर बाबा के चरणों में झुका दिया।

कुछ ही क्षणों में मुझे अत्यंत आनन्द की अनुभूति हुई। पीड़ा शांत हो गई थी। अपना सिर उठाकर ऊपर देखा तो वे कह रहे थे—"तुम कहते हो कि तुमने मुझे अपना शरीर, हृदय और मस्तिष्क समर्पित कर दिया है, इसलिए अब तुम्हें चिंता करने की आवश्यकता नहीं। मैं चिंता करूँगा। मुझे इस शरीर से काम लेना है, अतः मैं जो चाहूँ वही करने दो।"

उसके बाद कुछ भी कहने और सुनने को नहीं रह गया था मैं बार-बार चमत्कृत होकर उपर्युक्त शब्दों का चिंतन-मनन करता रहा। किंतु किसी निष्कर्ष पर नहीं पहुँच सका। वस्तुतः हम लोग पूरी गहराई से अर्थ समझने में असमर्थ हैं।

जब 2-9-76 को मैं शिरडी में ही श्रीमती लक्ष्मीबाई शिन्दे के यहाँ गया था तो उन्होंने मुझे प्रसाद के रूप में भाकरी (रोटी) और भाजी का प्रसाद दिया। तभी मुझे याद आया कि बाबा का वचन है जब कोई रोटी देता है तो तुम्हारी सफलता निश्चित है। 5-9-76 को जब मैं द्वारकामाई में 'साई सचरित' का साप्ताहिक पारायण समाप्त करके अपने कमरे से आरती में जाने के लिए निकला तो एक ठेलेवाले ने मुझे विशेष माला खरीदने के लिए आग्रह किया। मैं वह माला लेकर मंदिर में गया तो पहले तो पुजारी ने मुझे माला चढ़ाने से रोका फिर सारी मालाएँ उतारने के बाद मेरी माला लेकर बाबा को पहना दी। मेरी प्रसन्नता की सीमा नहीं रही।

जब दिनांक 5-9-76 को मैंने अपने घर लौटने के लिए शिरडी से प्रस्थान किया तो अनुभव हुआ कि मैं पूर्णतः स्वस्थ हो गया हूँ। मैं अपने सारे रोगों से मुक्त हो गया हूँ और बाबा ने मुझे नया जीवन दे दिया है। उसकी लीला अपरम्पार है। 8-9-76 को मैं बाबा का स्मरण करता हुआ घर पहुँचा तो

घरवालों ने मुझे बताया कि मेरी अनुपस्थिति में दिनांक 6-9-76 सोमवार को प्रातःकाल घर में कोई महात्मा आया था जिसने यह भजन गाया था–'शिरडी से आया एक ब्राह्मण।' उसने घर पर थोड़ा-सा जलपान भी किया और आशीर्वाद देकर चला गया। 'धन्य! धन्य! तेरी महिमा प्रभु।''

(11) एक मुस्लिम लड़की का विवाह

यह अनुभव बंगलौर के रामनाथ राव ने 'श्री साईं लीला' अक्टूबर '82 के अंक में प्रकाशित करवाया है।

श्री राव दिसम्बर 81 में अनेक रोगों से ग्रस्त हो गये थे। प्लीहा, वातरोग एवं घुटनों का दर्द तीनों से पीड़ित थे। उन्हें ज्ञात हुआ कि एक शेख अहमद नायक अस्पताल का कर्मचारी इन तीनों रोगों की चिकित्सा चमत्कारी ढंग से करता है। वे उसके पास चिकित्सा के लिए जाते रहे और साथ ही शेख अहमद को प्रतिदिन साईं बाबा के बारे में भी बताते रहे। जब शेख अहमद के मन में साईं बाबा के प्रति श्रद्धा उत्पन्न हो गई तो उन्होंने उसे बाबा की एक तस्वीर भी घर में रखने को दें दी। उन्होंने शेख अहमद को विश्वास दिलाया कि तस्वीर पास में रखने से अवश्य ही कोई चामत्कारिक बात होगी।

श्री राव रोगमुक्त होकर मद्रास चले गये और दो महीने बाद वापस लौटकर शेख अहमद से मिले तो उसने बताया कि बाबा की कृपा से उनके घर में एक चामत्कारिक घटना घटित हुई है। जो इस प्रकार है—श्री शेख अहमद द्वारा बाबा की तस्वीर लेने के कुछ दिन बाद ही उनका एक पुराना सम्बन्धी अमेरिका से लौटकर आया जिसका नाम मजर पासा था, इसके माता-पिता बचपन में ही गुजर गए थे। इसका पालन-पोषण बंगलौर में ही कार्यरत एक ईसाई पादरी ने किया था। जब पादरी सेवा निवृत्त हुआ तो वापस अपने घर अमेरिका लौट गया उसने उस बच्चे को भी अच्छी शिक्षा-दीक्षा की व्यवस्था की जिससे वह एम०बी०बी०एस० करके डाक्टर बन गया। अब मजार पासा तीस वर्ष की आयु का हो गया था तथा अपना विवाह करना चाहता था किंतु उसे एकाएक स्मरण आया कि मृत्यु से पूर्व उसकी माँ ने उससे वचन लिया था कि वह अपनी मौसी की लड़की से ही

विवाह करेगा। मिस्टर शेख अहमद की पत्नी ही उसकी मौसी थी। अतः वह अपनी मौसी की खोज करता हुआ ही एकाएक बंगलौर पहुँचा और शेख अहमद से उनकी लड़की से विवाह करने का प्रस्ताव किया। शेख अहमद की लड़की अभी मैट्रिक में पढ़ती थी। उनकी आर्थिक स्थिति भी इतनी अच्छी नहीं थी कि वे एक डाक्टर लड़के से अपनी लड़की का विवाह सम्पन्न कर सकें। फिर बंगलौर के दूसरे लोगों को भी इस बात का पता लगा तो अनेक सम्पन्न परिवार के लोगों ने अपनी-अपनी लड़कियों का विवाह प्रस्ताव मजार पासा से किया। किंतु मजार पासा अपनी बात पर दृढ़ रहा और उसने बिना किसी दहेज के एक सप्ताह में ही शेख अहमद की लड़की से विवाह करके अमेरिका लौट गया। इस प्रकार बाबा की कृपा से ही यह चमत्कार हुआ—ऐसा लेखक का दृढ़ विश्वास है। मजार पासा को एकाएक अपनी माँ की मृत्यु के समय किए गये वचन का याद आना, बंगलौर पहुँच जाना और अन्य सम्पन्न परिवारों की अधिक शिक्षित लड़कियों के प्रस्तावों को ठुकरा देना–यह सब बाबा के ही प्रभाव से हुआ–इस बात को लेखक श्री राव और शेख अहमद दोनों स्वीकार करते हैं।

(12) मेरी बेटी ने प्रथम श्रेणी कैसे प्राप्त की?

यह अनुभव विजयवाड़ा की श्रीमती सरोजिनी ने 'श्री साईं लीला' (अक्टूबर '82) में प्रकाशित करवाया है। वे लिखती हैं कि पहले उनका साईं बाबा में अधिक विश्वास नहीं था किंतु निम्नांकित घटना के बाद उनका विश्वास दृढ़ हो गया। एक बार उनकी लड़की किसी परीक्षा की तैयारी कर रही थी किंतु शिक्षा विभाग से उस परीक्षा की अनुमति नहीं मिली थी। जब मैंने बाबा से प्रार्थना की तो उसे अप्रत्याशित ढंग से अनुमति मिल गयी। किंतु जब अनुमति मिली तो यह आशंका हुई कि बेटी की परीक्षा की तैयारी पूरी तरह से नहीं हुई है, इसलिए वह उसमें उत्तीर्ण नहीं हो पायेगी। अतः जिस प्रकार पहले मैंने परीक्षा की अनुमति के लिए प्रार्थना करते हुए "साईं चरितामृत" का एक सप्ताह में पाठ किया था उसी प्रकार फिर मैंने पाठ आरम्भ कर दिया। मैंने अपनी बेटी को कह दिया कि वह एकदम निश्चिन्त होकर परीक्षा दे। परीक्षा के लिए जाते समय वह नियमित रूप से बाबा की

विभूति लेकर जाती थी। जब तक उसकी परीक्षा चलती रही, मैं बाबा के चरित का पाठ करती रही। मेरी बेटी के प्रश्न-पत्र बाबा की कृपा से इतने अच्छे हुए कि उसने परीक्षा में प्रथम श्रेणी प्राप्त की। वस्तुतः बाबा की कृपा से ही वह इतने अच्छे अंक प्राप्त कर सकी अन्यथा ऐसा संभव नहीं था।

(13) बाबा के प्रसाद का चमत्कार

निम्नांकित अनुभव अंधेरी (बम्बई) के श्री के० पी० राव ने 'श्री साईं लीला' के अप्रैल, 1989 के अंक में प्रकाशित करवाया है—

"अगस्त 1986 में मैं पेट की पीड़ा से परेशान था। शौच जाने के बाद बड़ी पीड़ा होती थी और खून आता था। मैंने कई औषधियाँ लीं किंतु किसी से लाभ नहीं हुआ। अंत में मेरे डाक्टर ने दिनांक 8 जून 87 को सब कुछ जाँचने के बाद बताया कि मुझे बवासीर हो गया है तथा इसके लिए तुरंत आपरेशन करवाना होगा। मैं इससे बहुत चिंतित एवं परेशान हो गया क्योंकि मैं आपरेशन नहीं करवाना चाहता था। जब मैं डाक्टर के पास से लौट रहा था तो रास्ते में थाने के साईं मंदिर में गया। वहाँ उस समय आरती हो रही थी। मैं आरती में सम्मिलित हुआ और बाद में प्रसाद ग्रहण किया। साथ ही मन ही मन बाबा से कष्ट-निवारण हेतु प्रार्थना करता रहा।

अगले दिन अर्थात् 9 जून 87 को ही प्रातः मुझे यह देखकर आश्चर्य हुआ कि शौच में खून आना बंद हो गया था तथा पीड़ा भी नहीं होती थी। मैं बिल्कुल ठीक हो गया था। तुरंत मुझे ध्यान आया कि यह साईं बाबा के प्रसाद का चमत्कार है। उसके बाद छह महीने तक कोई कष्ट नहीं हुआ। किन्तु छह महीने के बाद पुनः एक-दो दिन कष्ट हुआ तो मैंने पुनः साईं बाबा से प्रार्थना की तदनंतर मैं पूर्णतः ठीक हो गया। इस प्रकार मैंने बाबा की कृपा से बिना आपरेशन के ही रोग से मुक्ति प्राप्त की।"

(14) मेरी मनोकामना 'साईं-कृपा' से पूर्ण हुई

यह अनुभव बम्बई निवासी श्री विजय हजारे ने 'श्री साईं लीला' (दिसम्बर, '78) में प्रकाशित करवाया है। इन्होंने लिखा है कि उनके केवल

एक ही संतान होकर रह गई जबकि वे और उनके परिवार के लोग एक संतान और चाहते थे। इसके लिए उन्होंने कई देवी-देवताओं की आराधना की किंतु इनकी मनोकामना पूर्ण नहीं हुई।

कुछ समय बाद यह अपने परिवार के साथ शिरडी गये। वहाँ इन लोगों ने शिरडी साईं से प्रार्थना की कि वे उन्हें एक बच्चा और देने की कृपा करें चाहे वह लड़का हो या लड़की। शिरडी से लौटने के कुछ समय बाद ही उन्हें अपनी पत्नी से अनुकूल समाचार प्राप्त हुआ और यथासमय उसने एक कन्या को जन्म दिया। हमने पहले ही सोच रखा था कि यदि लड़का होगा तो उसका नाम 'साईं-प्रसाद' रखेंगे और यदि लड़की हुई तो 'साईं-कृपा'। हमने उसका नाम 'साईं-कृपा' रख दिया।

यह भी एक आश्चर्य की बात है कि जब उस लड़की ने बोलना प्रारम्भ किया तो सबसे पहले 'बाबा' शब्द बोला। वह शैशव अवस्था में ही बाबा के प्रति अपना सम्बन्ध प्रकट करने लगी। जब भी हम उससे पूछते कि बाबा कहाँ हैं तो वह हाथ उठाकर बाबा की तस्वीर की ओर संकेत कर देती। इस प्रकार बाबा की कृपा से हमारी मनोकामना पूर्ण हुई।

(15) जब बाबा की कृपा होती है !

जब भगवान् साईं बाबा की कृपा होती है तो संकट के बादल छँट जाते हैं और सुख की वर्षा होने लगती है—इसी का एक उदाहरण निम्नांकित अनुभव में प्रस्तुत है जिसे शांताक्रुज बम्बई के श्री एस० पी० उदयावर ने 'श्री साईं लीला' (सितम्बर, 1980) में प्रकाशित करवाया है—

हमारा शिरडी जाने का सबसे पहला कार्यक्रम 1960 में बना था। उसके पश्चात् हम लोग श्री सत्य साईं बाबा के सम्पर्क में आ गए फिर भी हमारा सम्पर्क शिरडी से बना रहा।

1976 में मैं एक बहुत बड़े संकट में फँस गया था। उस समय मैं एक सरकारी संस्थान में उच्च अधिकारी था। जून के तीसरे सप्ताह में मेरे मैनेजिंग डायरेक्टर ने बुलाकर मुझसे कहा कि मंत्री महोदय का आदेश हुआ है कि यहाँ तुमसे एक ऊँचे अधिकारी की नियुक्ति होगी। जिसके अधीन तुम्हें काम

करना होगा। मेरे लिए यह बहुत ही दुखद स्थिति थी क्योंकि इस विभाग को मैंने ही प्रारंभ करके विकसित किया था तथा अब तक मैं ही इस विभाग का सर्वेसर्वा था ऐसी स्थिति में अब किसी अन्य ऐसे व्यक्ति को जो कि आयु और अनुभव में मुझसे बहुत कम था उसके अधीन काम करना मेरे लिए अपमानजनक था। मेरी इच्छा तो यह हो रही थी कि मैं त्यागपत्र दे दूँ किंतु मैं रिटायरमेन्ट के निकट पहुँच गया था अतः अब त्यागपत्र देना भी उचित नहीं था फिर भी इससे मेरी मानसिक शांति भंग हो गई और मैं बहुत दुःखी हो गया। ऐसी स्थिति में मैं प्रायः बाबा की शरण में जाता हूँ। इस बार भी मैंने इस संकट से मुक्ति पाने के लिए बाबा की ही शरण में जाने की बात सोची, अतः 20 या 21 जून के आस-पास मैं अपने परिवार के साथ पहले तो बम्बई चला गया और उसके पश्चात् वहाँ से नासिक होता हुआ शिरडी पहुँच गया।

शिरडी में जाकर हमने पूजा, अभिषेक, सत्य नारायण पूजा आदि की। उसके पश्चात् मेरी गहरी इच्छा हुई कि मैं समाधि के पास बैठकर प्रार्थना करूँ। अतः मैं बाबा की समाधि के निकट बैठकर मन ही मन उनसे प्रार्थना करने लगा। मैंने उनसे कहा, "हे भगवान्, है तो वैसे मेरा स्वार्थ ही और शायद ये भी एक अहंकार है कि मैं किसी अन्य व्यक्ति के अधीन काम नहीं करना चाहता फिर भी आप जानते हैं कि इससे मेरे आत्म-सम्मान को कितनी चोट पहुँच रही है। अतः अब केवल आप ही मुझे इस अपमानजनक स्थिति से बचा सकते हैं।" अवश्य ही मेरी ये प्रार्थना निष्काम कर्म पर आधारित नहीं है किंतु स्वयं भगवान् बाबा ने यह भी तो वचन दिया है कि मेरी समाधि के निकट आकर जो भी प्रार्थना करेगा उसकी मैं सुनवाई करूँगा इसलिए अब सब कुछ आपके हाथ में है। मुझे इस प्रार्थना से मन ही मन बड़ी शांति प्राप्त हुई।

इसके पश्चात् मैं वापस अपने घर लौटा तो सचमुच में ही एक बहुत बड़ा चमत्कार हुआ। ज्योंही मैं कार्यालय पहुँचा मुझे अपने संस्थान के अध्यक्ष का फोन प्राप्त हुआ और उसने मुझे सूचित किया कि तुम कल ही दिल्ली पहुँचो, तुरंत हवाई-जहाज का टिकट लो और इसमें विलम्ब मत करो। जब मैंने पूरी बात जाननी चाही तो उनका उत्तर था कि विस्तार से बताने का

समय नहीं है बस यही समझो कि तुम्हारी पदोन्नति हो गई है और तुम्हें दिल्ली कार्यालय में पहुँचकर जनरल मैनेजर का पदभार सँभालना है। मैंने बिना किसी विलंब के अध्यक्ष के आदेश का पालन करते हुए देहली में जाकर अपने नए पद का कार्यभार संभाल लिया जो कि पहले पद से बहुत ऊँचा था और वहाँ मुझे ड्राईवर, कार, बंगला आदि सुविधाएँ अपने आप ही उपलब्ध हो गईं। वहाँ जाने से मैं अपने विभाग के मंत्री और अन्य उच्चाधिकारियों के भी निकट सम्पर्क में आ गया और इससे मेरे लिए प्रगति का एक नया द्वार खुल गया।

दिल्ली जाने पर ही मुझे पता चला कि एकाएक मेरी पदोन्नति कैसे हुई और क्यों हुई। बात यह हुई कि हमारे कार्यालय के अध्यक्ष महोदय किसी कार्य से दिल्ली मिलने गए थे तो वहाँ के कार्यालय के जनरल मैनेजर ने कहा कि वे तुरंत अपने पद से त्यागपत्र देना चाहते हैं इसलिए इस पद का कार्यभार संभालने के लिए कोई उपयुक्त व्यक्ति तुरन्त चाहिए। ऐसी स्थिति में इसके लिए मैं ही उपयुक्त समझा गया और मुझे तुरंत इस ऊँचे पद के लिए आदेश कर दिया गया। इस तरह से शिरडी साईं बाबा ने न केवल मुझे पूर्वोक्त अपमानजनक स्थिति से बचाया अपितु मुझे पदोन्नति देकर भावी प्रगति के लिए भी एक नया अवसर प्रदान किया। यह सब भगवान् साईं बाबा की कृपा है। यह कहा जाता है कि जब भगवान् देता है तो छप्पर फाड़कर देता है। उपर्युक्त घटना से मैं समझता हूँ कि मेरे साथ भी ऐसा ही हुआ है। भगवान् ने जब दिया तब छप्पर फाड़कर दिया।

(16) सात समुद्र पार से बाबा ने मेरी जान बचायी !

किस प्रकार भगवान् बाबा समुद्रों पार से भी अपने भक्तों की प्रार्थना सुनकर उनकी सहायता करते हैं—इसका एक अत्यंत रोमांचक विवरण बम्बई के श्री आर० वेंकट राव ने 'श्री साईं लीला' (अप्रैल 1986) में प्रकाशित करवाया है। पूरी बात उनके शब्दों में ही सुनने योग्य है—

"मेरे साथ यह घटना मार्च, 1983 में घटित हुई थी। उस समय मुझे अपने विभाग की ओर से पेरिस भेजने का प्रस्ताव आया था। मैंने वहाँ जाने

के आदेश लिए और वहाँ जाने से पूर्व साईं बाबा को धन्यवाद देने के लिए शिरडी गया। लेकिन मुझे वहाँ से लौटने के बाद यह जानकर दुःख हुआ कि मेरी यात्रा मार्च, 1984 के लिए स्थगित हो गई। इससे मुझे बहुत निराशा हुई। मैंने श्री साईं बाबा से प्रार्थना की कि वे तो अपने भक्तों की इच्छा का ध्यान रखते हैं फिर मेरे साथ ऐसा क्यों हुआ? आप मुझे इसी वर्ष ही पेरिस भिजवा दें। श्री साईं बाबा ने मेरी प्रार्थना सुन ली और पेरिस की प्रस्तावित यात्रा की योजना फिर बन गयी। मैंने पेरिस रवाना होने से पहले अपना सारा बोझ श्री साईं बाबा पर डाल दिया। श्री साईं बाबा ने मेरी प्रार्थना सुन ली और पेरिस में मेरे सारे काम आशा से भी अधिक अच्छे हो गये। मैं यहाँ आपको बताना चाहता हूँ कि पेरिस में बाबा ने मुझे किस प्रकार एक मुसीबत से बचाया।

मैं अपने कार्य-स्थल के पास ही एक होटल के कमरे में अपने दो मित्रों के साथ रह रहा था। मेरे दोस्तों ने माह के अंत में जिनेवा जाने का प्रस्ताव रखा। चूँकि मैं अभी जिनेवा होकर आया था, इसलिए उनके साथ नहीं गया। वे दोनों 3 मार्च 1984 को जिनेवा के लिए रवाना हो गए। उन्हें अगले दिन रविवार को ही वापस आना था। मैंने अपनी छुट्टी का आनंद लिया और रोज की तरह बाबा से प्रार्थना की। मैं नाश्ते के बाद बाथरूम गया और बाथरूम का दरवाजा कुछ जोर लगाकर बंद किया। दरवाजे में ऑटोलॉक प्रणाली थी और पता नहीं कैसे दरवाजा लॉक हो गया और दरवाजे का हैण्डिल बाहर गिर गया, जिससे दरवाजा खोलना असंभव हो गया। मैं सचमुच बड़ी मुसीबत में पड़ गया। मैं नहीं जानता था कि मैं क्या करूँ। मैंने दरवाजा खोलने के कई उपाए किए लेकिन सफलता नहीं मिली। इसी बीच दरवाजा की एक चाबी जो कि मेरे पास थी, टूट गई। बाथरूम में से होटल के मैनेजर और दूसरे लोगों से सम्पर्क करने का भी कोई साधन नहीं था। पाठक मेरी स्थिति का अनुमान कर सकते हैं। इस दरवाजे की दूसरी चाबी जो कि मेरे दोस्तों के पास थी, वे अगले दिन आने वाले थे। जैसे-जैसे समय बीतता जा रहा था मैं अधिक निराश होता जा रहा था क्योंकि मुझे बाहर निकलने का कोई रास्ता नहीं दिखाई दे रहा था। तब मैंने श्री साईं बाबा से प्रार्थना की। मैंने उनसे कहा, "आप तो सात समुंदर पार से भी मेरी पुकार

सुन रहे हैं और आपने तो कहा है कि यदि तुम अपना सारा बोझ मुझ पर डाल दोगे तो मैं उसे उठाऊँगा। अब बाबा आप ही मुझे इस मुसीबत से बचा सकते हैं।'' इस प्रकार मैंने काफी देर तक श्री साईं बाबा से प्रार्थना की। तभी मुझे हैरानी हुई कि मेरे हाथ में लॉक-सिस्टम का कुंदा आ गया जो पहले मेरी लाख कोशिश करने के बावजूद भी नहीं आ रहा था। अब वह इस तरह आ गया था जैसे किसी ने उसे बाहर से धकेल दिया हो। मैंने इस कुंदे को हैण्डिल में डालकर घुमा दिया और उसी समय दरवाजा खुल गया। मैं हॉल में आ गया और अपने दोस्तों और होटल के प्रबन्धक को फोन किया।

मैंने अपने दोस्तों और होटल के मैनेजर को यह घटना सुनाई तो उन्होंने आश्चर्य व्यक्त किया कि इतना सब कुछ होने पर भी लॉक कैसे खुल गया। उन्होंने इसे श्री साईं बाबा की ही कृपा का ही चमत्कार माना अन्यथा इस स्थिति में दरवाजा खुलना असंभव था। मैं अपने बेडरूम में गया और बाबा का चित्र निकालकर उसे प्रणाम किया और मेरी जान बचाने के लिए कृतज्ञता व्यक्त की। बाबा के प्रति मेरी श्रद्धा और भी बढ़ गयी और भारत आकर मैंने अपने पूरे परिवार के साथ शिरडी यात्रा की।'' इस प्रकार हम देखते हैं कि बाबा समुद्रों पार से भी अपने भक्तों की सहायता करते हैं।

(17) बाबा ने असंभव को संभव कर दिया!

श्रीमती के० जे० ड्राईवर ने अपने जीवन का एक महत्वपूर्ण अनुभव 'श्री साईं लीला' के जून 1989 के अंक में प्रकाशित करवाते हुए बताया है कि किस प्रकार बाबा की कृपा से असंभव भी संभव हो जाता है।

''हमारा परिवार बहुत समय से पारसी कालोनी, दादर बम्बई में रह रहा था। जिस मकान में हम रह रहे थे वह बहुत ही छोटा था किंतु फिर भी हम अपने घर के पास ही स्थित एक बहुत बड़े मकान को पाने की आशा लगाये हुए थे। मैं कल्पना करती थी कि मानो हमारे घर के पास वाला फ्लैट हमारा है। इसी प्रकार मैं नित्य सपना देखती थी कि वह मकान हमें मिल गया है और मैं उसमें फर्नीचर आदि की व्यवस्था कर रही हूँ। लेकिन सपना टूटने पर मैं फिर से वास्तविकता में आ जाती।

उस समय हमारे यहाँ जमीन का भाव लगभग 1200 रुपये प्रति फुट था तथा जो मकान हमारे पास स्थित था, उसका क्षेत्रफल अनुमानतः 800 वर्ग फुट था। इस दृष्टि से उतनी जमीन का ही मूल्य नौ-दस लाख बनता था। इतनी रकम जुटाने की बात हम सोच भी नहीं सकते थे। यह सब देखकर मैं बहुत दुःखी हो जाती और अपने आप से कहने लगती कि "मेरी उम्र 63 वर्ष की हो गयी है और यह मेरे लिए शर्म की बात है कि मैं अभी तक नए मकान की व्यवस्था नहीं कर पाई।" मैंने बाबा से प्रार्थना की।

जैसे-जैसे मेरे बेटे का परिवार बड़ा होता गया और मकानों के दाम बढ़ने लगे तो मेरा यह दुःख भी बढ़ता गया। कुछ समय बाद मैंने नए मकान का विचार ही छोड़ दिया और हालात से समझौता कर लिया। मैंने बाबा से प्रार्थना की कि हम जिस छत के नीचे रहते और जो किराया देते हैं उसके हिसाब से तो वह छत ही ठीक है। इसलिए हमें और मकान नहीं चाहिए। मैंने यह देखा कि हमसे भी बड़े परिवार हमारे मकान से भी कम जगह में गुजारा करते हैं।

हमारे घर के पास वाला फ्लैट जिसके बारे में मैं अक्सर सोचा करती थी, पिछले 16 सालों से खाली पड़ा था और सैकड़ों ने इसे लेना चाहा था लेकिन कोई बात नहीं बनी। इस बिल्डिंग में यह खराबी थी कि यह उन लड़कों का होस्टल था, जो कि गाँवों से पढ़ने आते थे। पिछले साल यह बिल्डिंग होस्टल के सुपरिंटेंडेण्ट के लिए आरक्षित हो गई थी। इसी बीच मेरे पति ने अपनी नौकरी से सेवानिवृत्त होने के बाद होस्टल के सुपरिंटेंडेण्ट का पदभार संभाल लिया और उस संस्था के ट्रस्टी से इस फ्लैट के बारे में बात की, लेकिन उसने फ्लैट में रहने की अनुमति नहीं दी।

मेरा पुत्र और उसकी पत्नी एक दिन उसी ट्रस्टी के पास पुनः गए। जिसने पहले फ्लैट देने से इंकार कर दिया था। साईं भगवान की कृपा से इस बार उसने बात मान ली और हम लोगों को फ्लैट में रहने की अनुमति दे दी। इससे हम सबको बड़ी प्रसन्नता हुई।"

(18) बाबा ने भक्त को दो माह तक भोजन खिलाया

चिकमंगलूर के डॉ० वी०जी०आर० विजय कुमार ने 'श्री साईं लीला' (अप्रैल, 1986) में अपना अनुभव प्रकाशित करवाया है जिसमें उन्होंने बताया कि किस प्रकार बाबा उन्हें लगभग दो माह तक नियमित रूप से भोजन करवाते रहे।

यह सितम्बर 1981 की बात है जबकि उन्हें केरल में उनकी कम्पनी वालों ने नौकरी से निकाल दिया था। इससे वे बड़ी कठिनाई में पड़ गये और बंगलौर अपनी माँ के पास आ गये। यहाँ उन्होंने समीप के एक गाँव में छोटा सा चिकित्सालय खोल लिया इससे उन्हें आमदनी तो अधिक नहीं होती थी, किंतु उन्हें संतोष था कि वे आस-पास के किसानों और मजदूरों की सेवा कर रहे हैं।

चिकित्सालय से आय इतनी कम होती थी कि उन्हें कभी-कभी तो भूखा भी रहना पड़ता था। ऐसी स्थिति में बाबा ने किस प्रकार से इनकी सहायता की यह इन्हीं के शब्दों में प्रस्तुत है—

''मुझे कार्य आरम्भ किये अभी एक सप्ताह ही हुआ था कि एक वृद्ध व्यक्ति मेरे पास आया और उसने बताया कि वह एक सेवानिवृत्त क्लर्क है किंतु आजकल पास वाली ग्लास फैक्टरी में कार्य कर रहा है। पहले दिन ही वह खाने से भरा हुआ एक टिफिन बाक्स अपने साथ लाया और उसे खोलता हुआ बुदबुदाया—''मेरी पत्नी मुझे हाथी समझती है जो इतना खाना रख देती है। मैं इतना खाना नहीं खा सकता। इतना खाना कौन खाना चाहता है।'' उसके अनुरोध पर मैंने उसके खाने में साथ दिया। इसी प्रकार वह वृद्ध व्यक्ति रोज ही काफी सारा खाना ले आता था और मुझे भी अपने साथ खिलाता था।

दिसम्बर 1981 की प्रथम सप्ताह में, श्री साईं बाबा की कृपा से मुझे कर्नाटक राज्य के चिकमंगलूर जिले में एक चाय-बगान में नौकरी मिली। चूँकि मैं बंगलौर में रहता था इसलिए मैंने उस वृद्ध आदमी की तलाश की जो कि मुझे काफी समय से खाना खिला रहा था ताकि उससे जाने की अनुमति ले सकूँ। लेकिन मुझे वह चारों तरफ कहीं भी दिखाई नहीं दिया तो

मैंने उसकी ग्लास-फैक्टरी में जाकर पता किया। वहाँ से पता चला कि वहाँ कोई बूढ़ा आदमी कार्य नहीं करता, मैंने वहाँ के कर्मचारियों को देखा तो इसकी पुष्टि हो गई। मैं सोच रहा था कि वह आदमी कौन था जिसने मुझे करीब दो महीने तक खाना खिलाया था। मेरा यह अनुमान ही नहीं बल्कि पक्का विश्वास है कि वह श्री साईं बाबा ही थे जो कि अपने भक्त की मुसीबत देखकर उसकी मदद के लिए रोज खाना लाते थे।'' वस्तुतः बाबा इतने दयालु हैं कि वे एक गरीब एवं परोपकारी भक्त के लिए स्वयं भी इस प्रकार भोजन लेकर आ सकते हैं, अतः डा० विजय कुमार का उपर्युक्त अनुमान वास्तविकता पर आधारित माना जा सकता है।

(19) यदि बाबा सहायता न करते तो वायुयान छूट जाता

बड़ौदा के श्री पी०जे० सिंह ने 'श्री साईं लीला' (अगस्त 1979) में अपना अनुभव प्रकाशित करवाते हुए यह बताया है कि किस प्रकार साईं बाबा की सहायता से ही वे समय पर एयरपोर्ट पहुँचकर वायुयान पकड़ने में सफल हो सके।

''करीब चार साल पहले की बात है जब मैं अपनी बेटी और नाती को लेकर अपने घर आ रहा था। मेरी बेटी अपने पति के माता-पिता के साथ शांताक्रुज एयरपोर्ट से करीब 50 मील दूर रहती है हमने उस दिन जम्बो जैट 747 से अपना आरक्षण 9 बजे की फ्लाईट से करवाया था। मेरी बेटी और उसके ससुराल वालों ने पहले गाड़ी से जाना तय किया और उसके बाद नजदीक के रेलवे स्टेशन से टैक्सी के द्वारा एयरपोर्ट तक जाना तय किया। मैंने साईं बाबा से प्रार्थना की और उन्होंने मुझे निर्देश दिया कि गाड़ी से जाने का जोखिम मत उठाओ। मैंने उन्हें अपने बाबा द्वारा बताए गए अनुभव के बारे में बताया और कहा कि मैं समय-समय पर बाबा से इस प्रकार के निर्देश प्राप्त करता रहता हूँ। हमारी जाने की तैयारी हमारे द्वारा तय कार्यक्रम से कुछ समय पहले ही पूरी हो गई। शायद यह मेरे द्वारा बताए गए निर्देश का परिणाम था। मेरी बेटी, बच्चे और जमाई सभी मेरे द्वारा बताए गए श्री साईं बाबा के निर्देश पर मेरी हँसी उड़ा रहे थे।

हम लोग स्टेशन पर आए, गाड़ी कुछ देर बाद जाने वाली थी। हम लोग गाड़ी से रवाना हुए। कुछ देर के बाद पावर फेल हो जाने के कारण गाड़ी रुक गई। हमने करीब एक घन्टे तक इंतजार किया मगर गाड़ी नहीं चली। मैंने श्री साईं बाबा को याद किया और उन्होंने मुझे टैक्सी करने का निर्देश दिया। हम वापिस स्टेशन पर लौट आए और बड़ी मुश्किल से एक पुरानी टैक्सी किराए पर ली। वह टैक्सी वाला भी हमें केवल मुलंद नाका तक ले जाने के लिए तैयार हुआ। टैक्सी बहुत धीरे चल रही थी फिर भी हम किसी प्रकार मुलंद नाका पहुँच गए। लेकिन हमें वहाँ आश्चर्य हुआ कि वहाँ कोई भी टैक्सी नहीं दिखाई पड़ी। अगर 20-30 मिनिट टैक्सी न मिलती तो हमारा प्लेन छूट जाता। अतः मैंने श्री साईं बाबा से प्रार्थना की और उन्हें सहायता के लिए पुकारा। तभी एक टैक्सी कुछ यात्रियों को लेकर वहाँ आई और मैंने उसे अपनी मुसीबत के बारे में बताया। वह हमें ले जाने के लिए तैयार हो गया किंतु समय बहुत कम रह गया था। मैं लगातार साईं बाबा से समय पर एयरपोर्ट पहुँचाने के लिए प्रार्थना करता रहा। हम एयरपोर्ट पर निश्चित समय से 20 मिनिट पहले पहुँच गए। मैं दौड़कर पुलिस वापसी विभाग में पहुँचा और उन्हें सारी स्थिति से अवगत कराया। उस समय जो अधिकारी था उसने हमारी मदद की और हमारे सामान को पहुँचाने के लिए अपनी वैन दे दी। अन्यथा दूसरी औपचारिकताओं के पूरी करने में बहुत समय लग जाता। इस प्रकार हम बाबा की सहायता से ही वायुयान पकड़ सके।''

(20) बाबा ने हमें रास्ता दिखाया

कई बार शिरडी-यात्रा करते समय भी भक्तगण किसी कठिनाई में फँस जाते हैं या रास्ता भूल जाते हैं तो बाबा किस प्रकार उनकी सहायता करते हैं—इसे स्पष्ट करते हुए श्री एस० जी० गाँवकर ने अपना निम्नांकित अनुभव 'श्री साईं लीला' (सितम्बर '79) में प्रकाशित करवाया है—

''सन् 1949 में, मैं अपनी पत्नी के साथ पूना, नासिक और शिरडी की यात्रा पर जा रहा था। उस समय हम लोग हुबली में रहते थे और मेरी पत्नी (श्रीमती शांताबाई) एक मेटरनिटी अस्पताल चलाती थी। मेरी पत्नी पहले

कभी भी शिरडी नहीं गई थी और वह शिरडी जाकर श्री साईं बाबा के दर्शन करना चाहती थी और शिरडी में गोकुल अष्टमी का त्यौहार मनाना चाहती थी।

दोपहर को हम पूना से शिरडी के लिए रवाना हुए और हम सोच रहे थे कि हम शाम से पहले शिरडी पहुँच जायेंगे। अचानक आकाश में काले-काले बादल मँडराने लगे और हम सोचने लगे कि थोड़ी देर में बरसात शुरू हो जायेगी। हम उसी वातावरण में लगातार दो घण्टे तक यात्रा करते रहे। जैसे ही हमने अहमदनगर को पार किया तो बरसात होने लगी। बरसात बहुत तेज हो रही थी और चारों तरफ अँधेरा ही अँधेरा था। हमारा ड्राईवर जो कि हुबली का था, इस रास्ते से भी अनजान था। हमने अपनी कार की गति भी कम करवा दी थी। सड़क की खराब हालत ने हमारी परेशानी और बढ़ा दी थी। भारी बरसात के कारण सड़क फिसलने वाली बन गई और हमारी कार उस पर लहराने लगी। ऐसी विषम परिस्थिति में मेरी पत्नी शांताबाई बहुत गंभीर हो गई। वह नहीं जानती थी कि क्या करें। इसलिए अंत में उन्होंने ड्राईवर से कहा कि गाड़ी रोक दे और मौसम में सुधार होने का इंतजार करे।

करीब एक घण्टे इंतजार करने के बाद हमने देखा कि मौसम में कोई सुधार नहीं हो रहा है और बरसात थमने का नाम नहीं ले रही है। अँधेरा भी बना हुआ है। श्रीमती शांताबाई ने कहा कि "मैं नहीं जानती कि श्री साईं बाबा क्या चाहते हैं, मैं आशा करती हूँ कि वे हमें रात को शिरडी बुलाना चाहते हैं।"

श्रीमती शांताबाई ने ये शब्द कहे ही थे कि हमने दो आदमियों की आवाजें सुनी जो आपस में बातें कर रहे थे। सड़क पर यातायात मौसम की खराबी के कारण बंद था और हम यह भी नहीं जानते थे कि हम सही दिशा में जा रहे हैं अथवा गलत दिशा में? श्रीमती शांताबाई ने कहा कि "आप किसी से शिरडी के लिए सही रास्ते के बारे में पूछो।" हमने तुरंत उन दो आदमियों को अपने पास बुलाया और उनसे पूछा कि दोस्तों हमें शिरडी जाने का सही रास्ता बताओ।

वे दो आदमी जो हमारी कार के पास से गुजर रहे थे, शक्ल-सूरत से क़िसान लग रहे थे और वहीं शिरडी के आसपास रहते थे। उनके पास छाता नहीं था, वे अपने आपको बरसात से एक कम्बल द्वारा बचा रहे थे। उन्होंने बताया कि शिरडी यहाँ से ज्यादा दूर नहीं है। केवल 4-5 मील दूरी पर है। आप जल्दी ही वहाँ पहुँच जायेंगे।

श्रीमती शांताबाई बहुत परेशान थी और वह अब और कोई दिक्कत नहीं उठाना चाहती थी। उन्होंने उन किसानों को अपने साथ कार में शिरडी तक चलने के लिए कहा। किसानों ने कहा कि इसकी कोई जरूरत नहीं है क्योंकि यह सड़क सीधी शिरडी जाती है। लेकिन हम सभी उन दोनों किसानों से हमारे साथ चलने के लिए प्रार्थना करने लगे।

अंत में दोनों किसान हमारी कार में चलने के लिए तैयार हो गए। बरसात उस समय तक भी नहीं थमी थी। जब वे दोनों किसान हमारी कार में बैठ गए तो हममें हिम्मत आई और हमारा डर गायब हो गया। तब हमने अपने ड्राईवर से गाड़ी चलाने के लिए कहा। उसे हमने उन दोनों किसानों के निर्देशों का पालन करने के लिए कहा। करीब दस मिनट के बाद बरसात थोड़ी कम हो गई और हम सड़क को आसानी से देख सकते थे। हमारा ड्राईवर कार बहुत सावधानी से चला रहा था। हम करीब आधे घण्टे में शिरडी पहुँच गए।

हम सभी ने शिरडी पहुँचकर राहत महसूस की। हमने श्री साईं बाबा को धन्यवाद दिया क्योंकि उन्होंने हमें शिरडी सही-सलामत पहुँचा दिया था। हमने कार रोककर सबसे पहले उन किसानों को उतार दिया और ड्राईवर से किसी सुरक्षित स्थान पर कार पार्क करने के लिए कहा। हमने यह सारी व्यवस्था करने के बाद अपने उन किसान मित्रों को खोजा जो कि हमें शिरडी लाए थे। किंतु ऐसा लगा कि वे गायब हो चुके थे। उनके न मिलने पर हमें बहुत दुःख हुआ और हम यह नहीं समझ पाये कि श्री साईं बाबा हमारी मदद करने के लिए उन दो किसानों के रूप में आए थे।

हम जैसे ही शिरडी पहुँचे गोकुल अष्टमी के त्यौहार का कार्यक्रम आरंभ हो गया। हमने सभी कार्यक्रम देखे और एक दिन वहाँ अधिक रुके जिससे कि हमें अपना नासिक का कार्यक्रम रद्द करना पड़ा।

वस्तुतः रास्ते में साईं बाबा की हमें जो सहायता मिली थी, उससे हम सब बहुत प्रभावित हुए और बाबा के पक्के भक्त बन गये। तब से हम अपने घर में नित्य सब बाबा की प्रार्थना करते हैं।''

(21) परीक्षा में अपूर्व सफलता

हुबली के श्री चन्द्रशेखर ने 'श्री साईं लीला' (अक्टूबर '82) में अपने अनुभव प्रकाशित करवाते हुए लिखा है कि मैं सन् 1970 से ही बाबा की उपासना करने वाला था और उन पर मेरा दृढ़ विश्वास है। जनवरी 1981 में मेरे एक मित्र ने मेरे लड़के की कुंडली देखकर बताया कि वह इस वर्ष मैट्रिक की परीक्षा में उत्तीर्ण नहीं हो सकेगा। इससे मैं और मेरी पत्नी दोनों बहुत ही चिंतित हो गये। अंत में मैंने अपनी पत्नी से कहा कि जब साईं बाबा मेरे संरक्षक हैं तो हमें चिंता नहीं करनी चाहिए।

मैंने अपने बेटे को भी आश्वस्त किया कि वह मन लगाकर अध्ययन कर बाबा की कृपा से अवश्य सफल हो जायेगा। जब उसकी परीक्षा आरम्भ होने वाली थी तो मैंने बाबा की 'साईं चरितामृत' का सप्ताह आरम्भ किया। उसकी परीक्षा के दिनों में पाठ चलता रहा।

मेरे बेटे का परीक्षाफल आने से पूर्व मैं अपनी पत्नी के साथ शिरडी की यात्रा पर गया और वहाँ बाबा से पुनः प्रार्थना की। वहाँ मुझे मेरे एक मित्र मिले जो कि प्रधानाचार्य हैं। उन्होंने कहा कि इस वर्ष में मैट्रिक परीक्षा की पास प्रतिशत बहुत कम है। इससे मेरे मन में पुनः थोड़ी चिंता हुई। किंतु 27 मई की रात्रि में बाबा स्वप्न में मुझे दिखाई दिये और कहा कि तुम्हारा बेटा सैकेण्ड डिवीजन से पास हो गया है। अगले दिन ही मैट्रिक का परीक्षाफल आ गया था। वस्तुतः यह सफलता बाबा की कृपा से ही प्राप्त हुई थी। अतः मैं अपने पूरे परिवार के साथ जून 81 में शिरडी की यात्रा पर गया और वहाँ बाबा की प्रार्थना की।

(22) साईं एडवोकेट के रूप में आये!

यह अनुभव बीजापुर के श्री चन्द्रावरकर ने 'श्री साईं लीला' (अक्टूबर) में प्रकाशित करवाया है। उन्हें निम्नांकित विवरण उनके पड़ोसी श्री आयंगर

ने सुनाया था। श्री आयंगर का सबसे बड़ा लड़का एक बार गम्भीर रूप से अस्वस्थ था। सभी प्रकार की चिकित्सा करवायी किंतु उसकी हालत दिन प्रतिदिन खराब होती जा रही थी। वह मरणासन्न स्थिति को पहुँच गया था। वे एक रात्रि में ऊँघते हुए अपने रुग्ण पुत्र के पास बैठे हुए थे एकाएक उनकी आँख लग गयी तो उनके पास एक दाढ़ी वाले कोई व्यक्ति आये और उन्होंने उसके कंधे को छूकर कहा कि चिंता मत कर तुम्हारा बेटा ठीक हो जायेगा। उनकी आँख खुल गयी वे तुरंत उठकर अपने पूजा के कमरे में गये जहाँ साईं बाबा की तस्वीर रखी थी। उन्होंने बाबा से प्रार्थना की और संकल्प किया कि बच्चे के ठीक होने पर उसे लेकर शिरडी आयेंगे। जब वे पूजा कर बाहर आये तो उन्होंने देखा कि उनका बेटा जो कि बिल्कुल निर्जीव सा पड़ा था हिलने-डुलने लग गया है। पहले वह बेहोश पड़ा था। अब उसने आँखें भी खोल दी थीं। अब धीरे-धीरे वह स्वस्थ हो गया। इसके पश्चात् श्री आयंगर अपने बेटे के साथ शिरडी की यात्रा की। वैसे श्री आयंगर को पहले यह भी पता नहीं था कि शिरडी कहाँ और किस प्रकार जाना चाहिए फिर भी वे यात्रा के लिए रवाना हो गये। रास्ते में उन्हें गाड़ी में एक एडवोकेट से परिचय हुआ जो कि शिरडी के ही निकट कोपरगाँव का रहने वाला था। जब उसे पता चला कि श्री आयंगर शिरडी जा रहे हैं तो उसने उनसे कहा कि शिरडी में कुछ नहीं रखा है वहाँ सब कुछ ढोंग है। अतः वापस बंगलौर लौट जाओ। किंतु आयंगर पर उसकी बातों का कोई प्रभाव नहीं हुआ। जब वे कोपरगाँव पहुँचे तो एडवोकेट भी उनके साथ उतर गया और उसने मुस्कराते हुए आयंगर को एक थैला चावल से भरा हुआ भेंट करते हुए कहा कि यह तुम्हारे बेटे के लिए है। जब उन्होंने थैला लेकर उसे धन्यवाद देना चाहा तब तक वह एडवोकेट अदृश्य हो गया था। इससे उन्हें विश्वास हुआ कि वह एडवोकेट कोई और नहीं स्वयं साईं बाबा ही उनकी परीक्षा लेने के लिए आये थे। इसके पश्चात् उनकी शिरडी यात्रा भली-भाँति सम्पन्न हो गयी।

(23) श्री साईं बाबा ने प्रेम भेंट स्वीकार की !

यह अनुभव पठानकोट (पंजाब) के श्री अमरनाथ ने 'श्री साईं लीला' (मार्च, 1976) में प्रकाशित करवाया है। एक बार उन्हें पता चला कि उनके

पड़ोसी शिरडी जा रहे हैं तो उन्होंने उनसे अनुरोध किया कि शिरडी में बाबा को उनकी ओर से कुछ आम चढ़ाने की कृपा करें। उन्होंने लौटकर जो अनुभव बताया, वह इस प्रकार है—

"हम दिनांक 7 जुलाई सोमवार को सुबह करीब 10 बजे वहाँ पहुँचे और हमने श्री साईं बाबा के दर्शन समाधि मन्दिर में किए। हमारी आँखें इस बात को महसूस करके कि श्री साईं बाबा हर जगह विद्यमान हैं, भर आईं। हम उनके चरणों के पास खड़े थे तो हमें यह महसूस हो रहा था कि हम अपने घर में ही हैं।

हमने श्री साईं बाबा को आम का प्रसाद चढ़ाने के लिए अगले दिन तय किया। शिरडी में सोमवार को अच्छे आम मिल रहे थे। लेकिन जब मंगलवार को बाबा के प्रसाद के लिए अच्छे आम लेने गए तो हमें कहीं भी अच्छे आम दिखाई नहीं दिए। इसीलिए मैंने कोपरगाँव से आम लाने का विचार किया। सुबह करीब दस बजे मैं अपने स्नान, नाश्ते आदि से निवृत्त होकर कोपरगाँव के लिए रवाना हो गया। जैसे ही मैं बाजार में पहुँचा तो मैंने देखा कि एक व्यापारी ने अभी-अभी एक टोकरी नीचे रखी थी जो कि अच्छे आमों से भरी हुई थी। यह देखकर मुझे आश्चर्य हुआ और मैंने सबसे पहले बाबा के प्रसाद के लिए आम खरीदने की सोची।

जब हम आम लेकर समाधि मंदिर में गये तो पुजारी ने पूछा कि सारे आम चढ़ाने हैं या कुछ वापस भी ले जाने हैं? हमने उत्तर दिया कि ये आम पठानकोट के एक भक्त ने भिजवाये हैं। इस पर पुजारी मुस्कराया और बोला कि आज बाबा को इन आमों का ही भोग लगेगा क्योंकि बाबा ने स्वीकार कर लिये हैं। इसके पश्चात् पुजारी ने बाबा को भोग लगाकर शेष आम भक्तों में बाँट दिये। हमें इस बात से बहुत प्रसन्नता हुई तथा वैसे ही आम और खरीदने के लिए मैं पुनः कोपरगाँव गया किंतु मुझे न तो वह व्यापारी मिला और न ही वैसे आम। अतः हमें बोध हुआ कि पहले जो आम मिले थे वह सब बाबा की ही लीला थी। संभवतः भक्तों की इच्छा पूरी करने के लिए ही उन्होंने उस आम वाले को विशेष आम देकर प्रकट किया हो या स्वयं ही आम बेचने वाले के रूप में आये हों। उनकी लीला कौन समझ सकता है।"

इस वृत्तांत को सुनकर मैंने अनुभव किया कि बाबा अपने भक्तों के लिए क्या-क्या करते हैं।

(24) श्री साईं बाबा सदैव हमारे साथ हैं

शिरडी साईं बाबा किस प्रकार अपने भक्तों को क्षति से बचाते हैं—इसका उदाहरण प्रस्तुत करते हुए इन्दौर के प्रोफेसर वामन पंडित ने 'श्री साईं लीला' के जून 1976 के अंक में अपना निम्नांकित अनुभव प्रकाशित करवाया है—

"मैं मई 1961 में अपनी बेटी और दामाद के साथ शिरडी गया था। वहाँ हमें कई चामत्कारिक अनुभव हुए। उनमें से एक यह है कि जब मेरी बेटी शिरडी के आश्रम में स्नान करने गई तो अपनी सोने की चैन (जंजीर) बाथरूम में ही भूल आई। उसे यह ध्यान भी नहीं रहा कि वह कुछ भूल आई है। स्नानादि के बाद हम सभी श्री साईं बाबा की पूजा और अभिषेक के लिए गए। पूजा और अभिषेक के पश्चात् हम आराम करने के लिए वापिस आए। हमने अपना बिस्तर श्री साईं बाबा की प्रतिमा के सामने लगाया। अचानक मेरी बेटी को ध्यान आया कि वह सोने की चैन बाथरूम में भूल आई है। हमने यहाँ-वहाँ देखा लेकिन हमें वह सोने की चैन कहीं नहीं मिली। हमने सोचा कि कुछ अच्छे के लिए ही ऐसा हुआ होगा।

मैंने अपनी बेटी से चैन के लिए चिंता न करने के लिए कहा। उसी दिन रात को जब कुछ कलाकार श्री साईं बाबा के भजन गा रहे थे तभी एक आदमी वहाँ आया और माईक पर बोला कि मुझे एक चैन मिली है, कोई भी आदमी जो इससे सम्बन्धित हो मेरे पास आए और प्रमाण देकर इसे प्राप्त कर ले। मेरे दामाद और बेटी उसके पास गए और उसे प्रमाण देकर चैन प्राप्त कर ली। यह बहुत आश्चर्य की बात थी कि इतनी कीमती वस्तु जो खो गई थी, हमें वापिस प्राप्त हो गई। हमने उस आदमी को ढूँढ़ना चाहा, जिसने हमारी चैन वापिस की थी लेकिन वह हमें कहीं भी दिखाई नहीं दिया।

इस घटना के बाद हमारे परिवार की बाबा के प्रति श्रद्धा और आस्था और भी दृढ़ हो गई।" इसमें कोई संदेह नहीं कि जिस व्यक्ति ने जंजीर

लौटाई वह या तो स्वयं साईं बाबा ही थे या फिर उनकी प्रेरणा से ही उसने ऐसा किया।

(25) कदम-कदम पर हूँ तुम्हारे साथ

भगवान शिरडी साईं बाबा की कृपा से किस प्रकार बहुत कठिन प्रतीत होने वाले कार्य भी आसानी से बन जाते हैं। इसका प्रमाण प्रस्तुत करते हुए कुमारी रेखा कुलकर्णी ने अपने लेख शीर्षक 'कदम-कदम पर हूँ तुम्हारे साथ' ('श्री साईं लीला', सित० '81) में अपना अनुभव प्रस्तुत किया है। कुमारी कुलकर्णी बिहार में सरकारी नौकरी प्राप्त करने के लिए स्थानीय नियोजनालय में अपना नाम पंजीकृत करवाना चाहती थीं किंतु सम्बन्धित अधिकारी ने उसकी प्रार्थना यह कहकर अस्वीकार कर दी कि उसके पास आवासीय प्रमाण पत्र नहीं है। जब उसे यह पता लगा कि नियोजनालय के माध्यम से उसके उपयुक्त नौकरी की माँग जनसम्पर्क विभाग से आई है तो वह और भी व्यग्र हो गई क्योंकि नियोजनालय उसका पंजीकरण करके उसका नाम जनसम्पर्क विभाग को भेज देता है तो उसे नौकरी प्राप्त होने का अवसर मिल सकता था किंतु दुर्भाग्य से नियोजनालय उसके नाम का पंजीकरण करने से ही इंकार कर रहा था। ऐसी स्थिति में उसने साईं बाबा से प्रार्थना की और उसे वहाँ के एक डिप्टी मजिस्ट्रेट की सहायता से आवासीय प्रमाण पत्र प्राप्त हो गया। उसने यह प्रमाण पत्र नियोजनालय विभाग के अधिकारी को प्रस्तुत कर दिया किंतु फिर भी वह अधिकारी आवश्यक कार्यवाही करके उसका नाम सम्बन्धित विभाग को भेजने में अनावश्यक रूप से विलंब कर रहा था। जब उसे यह पता चला कि जिस पद के लिए वह अपना नाम भिजवाना चाहती है उसका इन्टरव्यू भी शीघ्र ही होने वाला है तो वह और भी अधिक घबराई किंतु सम्बन्धित अधिकारी उसकी कोई भी बात सुनने के लिए तैयार नहीं था। ऐसी स्थिति में पुनः उसने साईं बाबा से प्रार्थना की।

इसी बीच उसे पता चला कि उक्त पद का इन्टरव्यू हो गया है किंतु उसका नाम नहीं भेजा गया इसलिए वह इन्टरव्यू में सम्मिलित नहीं हो पाई। इस प्रकार से नौकरी प्राप्त करने का एक अच्छा अवसर उसके हाथ से निकल

गया। उसने मन ही मन सोचा कि मैंने बाबा से प्रार्थना की फिर भी मेरे साथ ऐसा क्यों हुआ।

यह तथ्य है कि बाबा को की गई प्रार्थना कभी व्यर्थ नहीं जाती। जब इन्टरव्यू का परिणाम सामने आया तो उससे ज्ञात हुआ कि उस इन्टरव्यू में किसी को भी नहीं चुना गया इसलिए इन्टरव्यू दुबारा करवाने का निर्णय लिया गया। जब दूसरी बार इन्टरव्यू हुआ तब तक कुमारी कुलकर्णी का नाम नियोजनालय द्वारा पंजीकृत एवं प्रस्तावित हो चुका था अतः वह इन्टरव्यू देने चली गई। उसका इन्टरव्यू बहुत अच्छा हुआ और उसे नौकरी के लिए चुन लिया गया। इस प्रकार बाबा ने उसे सफलता प्रदान की।

(26) धैर्य का फल

श्री अनिल के० रसल ने 'श्री साईं लीला' (मई, 1980) में अपना अनुभव प्रकाशित करवाते हुए लिखा है—

2 जुलाई 1979 को मैं छह साल से अधिक समय तक मुख्य कार्यालय में काम करने के बाद सहायक कार्यालय में नियुक्त हुआ था। मेरे तबादले के बाद मेरी शिरडी जाने की बड़ी इच्छा हुई इसलिए मैंने उसी दिन जिस दिन मेरी नियुक्ति नए कार्यालय में हुई थी, एक दिन की छुट्टी के लिए आवेदन किया। मेरा प्रार्थना-पत्र मेरे उस अधिकारी के पास पहुँच गया था जिसे मेरी छुट्टी की अर्जी को स्वीकार करने का अधिकार था। अधिकारी ने तुरंत मुझे बुलवाया। मैं उसके केबिन में गया और उसने मुझसे कहा कि वह उच्च अधिकारियों से उसकी शिकायत करेगा। मैं अपने नए कार्यालय में अपने साथ किए गए इस व्यवहार से बहुत दुःखी हुआ। फिर भी मैं बिना उनके छुट्टी स्वीकार किए कार्यालय में अनुपस्थित रहा और इस तरह हमारे बीच गृहयुद्ध-सी स्थिति बन गई। वह अधिकारी यह दिखाना चाहता था कि मैंने उसके बारे में अच्छी राय कायम नहीं की। मैंने इस पर कोई प्रतिक्रिया व्यक्त नहीं की और श्री साईं बाबा से प्रार्थना की।

करीब पाँच महीने के बाद मैंने एक लंबी छुट्टी के लिए आवेदन किया और मेरे अधिकारी ने छुट्टी स्वीकार कर ली। मैंने अपनी छुट्टियों के दौरान,

बृहस्पतिवार को सुबह एक स्वप्न देखा कि मेरा अधिकारी और मैं दोनों साईं बाबा के मन्दिर में मिले। उन्होंने मुझसे पूछा कि मैं इस मन्दिर में कैसे आया हूँ। मैंने जवाब दिया कि मैं बाबा का बहुत पुराना भक्त हूँ।

दुबारा ऑफिस जाने पर मैंने सबसे पहले अधिकारी को अपने स्वप्न की बात बताई। उसने इस मामले में कोई दिलचस्पी नहीं दिखलाई और इसका कारण जानना चाहा। मैंने उन्हें बताया कि इसका मतलब उन्हें शिरडी की यात्रा करनी चाहिए और श्री साईं बाबा ने उन्हें आशीर्वाद दिया है।

एक पखवाड़े के बाद मेरे अधिकारी ने मुझे बुलाया और बिना कोई भूमिका बाँधे उन्होंने कहा—"मैं कल अनुपस्थित था क्योंकि मेरा साला अमेरिका से आया था और वह यह महसूस कर रहा है कि उसे शिरडी की यात्रा करनी चाहिए" तो मैंने भी उसे इस सम्बन्ध में सपने वाली बात बताई। इसलिए उन्होंने पूछा कि शिरडी की यात्रा कैसे करनी चाहिए। मैंने उन्हें बताया कि उन्हें धार्मिक स्थान की यात्रा अवश्य करनी चाहिए लेकिन भगवान साईं बाबा की मर्जी के बिना कोई भी यात्रा नहीं कर सकता, सब कुछ उनकी इच्छा से ही संभव है।

कुछ दिनों बाद मेरे अधिकारी ने मुझे फिर बुलाया और मुझे बस की सीटों का आरक्षण करवाने के लिए कहा। मैंने तुरंत इस काम को कर लिया। उन्हें आश्चर्य हुआ कि मैंने इस काम को स्वीकार कर लिया, उन्होंने सोचा था कि मैं इस काम को स्वीकार नहीं करूँगा। श्री साईं बाबा की कृपा से उनकी सीटें बुक हो गयी और उन्होंने मुझे इसके लिए धन्यवाद दिया। इस प्रकार हमारे बीच जो गृहयुद्ध की स्थिति थी वह समाप्त हो गयी क्योंकि मैंने श्री साईं बाबा की सलाह मान ली थी कि जब दो में मतभेद हो तो एक को धैर्य रखना चाहिए।

(27) थके हुए भक्त की सहायता

लम्बी यात्रा से थके हुए भक्त की सहायता के लिए स्वयं बाबा आये—इसका उदाहरण प्रस्तुत करते हुए दिल्ली के श्री आर०एस० चिटनिस ने 'श्री साईं लीला' के दिसम्बर '79 के अंक में अपना निम्नांकित अनुभव प्रकाशित करवाया है—

"सन् 1973 में मैं अपने परिवार के साथ कार के द्वारा दिल्ली से शिरडी गया। वहाँ हम दोपहर में 12.30 बजे के लगभग पहुँच थे और तुरंत कमरे में सामान रखकर स्नान के लिए स्नानघर की ओर दौड़े जिससे कि जल्दी बाबा की पूजा आदि कर सकें किंतु स्नानघर के पास पहुँचते ही कुछ व्यक्तियों ने बताया कि नल चले गए हैं इसलिए किसी भी नल में पानी नहीं आ रहा। इससे मुझे बड़ी निराशा हुई क्योंकि मैं यात्रा से बहुत थका हुआ था और तुरंत स्नान करना चाहता था। इतने में एक युवक उधर आया, जिसने सिर के ऊपर कपड़ा बाँध रखा था। उसने मुझे प्रेमपूर्वक बताया कि उस पास वाले बाथरूम में नल आ रहा है। उसकी सहायता से मैं उस नल तक पहुँच गया और स्नान किया।

स्नान के बाद जब मैं पूजा की लाईन में खड़ा हुआ तो यह देखकर चिंता हुई कि लाईन बहुत लम्बी थी और शायद मुझे इसमें बहुत देर खड़ा रहना पड़े। दिल्ली से शिरडी तक आने में मैं बुरी तरह थक गया था इसलिए इतनी देर खड़ा रहना बहुत कठिन प्रतीत हो रहा था किंतु इसका कोई विकल्प भी नहीं था। मैंने मन ही मन कहा कि जैसी भगवान की इच्छा।

इतने में ही वही युवक जिसने कि मुझे पानी का नल बताया था वहाँ आया और वह मुझे पकड़कर क्यू में से बाहर ले गया और कहा कि तुम मेरे साथ चलो। वह मुझे सीधा समाधि स्थल तक बेरोकटोक ले गया। मैं मन में सोच रहा था कि शायद क्यू में खड़े लोग आपत्ति करें किंतु किसी ने कुछ भी नहीं कहा और इस तरह उसकी सहायता से मैं तुरंत ही पूजा आदि से निवृत्त हो गया।

जब मैं पूजा करके समाधि मन्दिर से बाहर निकला तो बाहर के पेड़ के नीचे बहुत से लोग खड़े थे और बहुत परेशान दिखाई पड़ रहे थे। मैंने उनसे पूछा कि क्या बात है तो उन्होंने कहा कि किसी भी नल में पानी नहीं आ रहा है, इसलिए वे परेशान हैं। मैं उन्हें उस बाथरूम में ले गया जिसमें मैंने स्नान किया था किंतु यह देखकर आश्चर्य हुआ कि वह बाथरूम कहीं नहीं मिला और न ही किसी बाथरूम में पानी आ रहा था। जब मैंने बाथरूम के पास वाले कमरों में रहने वाले लोगों से कहा कि इसी बाथरूम में 15-20

मिनट पहले पानी आ रहा था और मैं स्नान करके गया हूँ तो उन्होंने मेरी बात का मजाक करते हुए कहा कि दो घंटे से तो वे पानी के लिए प्रतीक्षा कर रहे हैं। उस बाथरूम में पानी आया ही नहीं। इससे मुझे यह बोध हुआ कि वास्तव में उस समय बाबा की ही कोई विशेष कृपा थी जो युवक सिर पर कपड़ा बाँधे मेरी सहायता के लिए आया था। संभवतः वह कोई और नहीं था या तो स्वयं साईं बाबा थे या उनका भेजा हुआ कोई विशेष व्यक्ति। उन्होंने मेरी हालत को देखते हुए विशेष सहायता की।'' इससे प्रतीत होता है कि बाबा अपने भक्तों के छोटे-छोटे कष्टों का भी कितना ध्यान रखते हैं।

(28) अपना सारा बोझ मुझ पर छोड़ दो !

हैदराबाद के सेवानिवृत्त सेशन-जज श्री देवता सुब्बाराव ने साईं बाबा के सम्बन्ध में अपने अनुभव बताते हुए कहा है—''श्री साईं बाबा का यह कथन कि तुम अपना सारा बोझ मुझ पर छोड़ दो, मैं सँभाल लूँगा—सर्वांश में ठीक है। मैं और मेरे परिवार के लोग लगभग 40 साल से साईं बाबा की आराधना करते आ रहे हैं और समय-समय पर उनके उपर्युक्त वचन की सत्यता का अनुभव करते रहे हैं।'' यहाँ भी कुछ ऐसे उदाहरण हैं—

1959 में मेरा एकलौता पुत्र बी०ए० की परीक्षा देकर गर्मी की छुट्टियों में घर आया किंतु मैंने देखा कि वह रात-दिन उदास रहता था इसका कारण मैंने पूछा। पहले तो वह इंकार कर गया। किंतु काफी कहने के बाद उसने बताया कि उसके परीक्षा में पेपर ठीक नहीं हुए हैं जिससे वह परीक्षा में फेल हो सकता है। इसी चिंता से वह परेशान है यद्यपि वह सदा से परीक्षाओं में बहुत अच्छे अंक लेता आ रहा है किंतु इस बार दुर्भाग्य से उसके पेपर खराब हो गये थे। मैंने उसकी बात सुनकर साईं बाबा से प्रार्थना की कि वे उसकी सहायता करें और साथ ही यह भी संकल्प लिया कि यदि बेटे के अच्छे अंक आ गए तो शिरडी संस्थान को गरीबों के भोजन के लिए दान राशि भी भेजेंगे।

इसके कुछ दिनों बाद मुझे रात्रि में एक स्वप्न आया जिसमें बाबा एक बहुत बड़े वृक्ष की शाख पर बैठे हुए दिखाई दिए। वह पेड़ इतना ऊँचा था

कि आसमान को छू रहा था। वहीं बैठे हुए बाबा ने हाथ मेरी ओर फैलाए और कहा लाओ मुझे रकम दो। इसके पश्चात् मैं सोकर उठा तो दैनिक पेपर में देखा मेरे बेटे का परीक्षाफल आ गया है और वह उसमें सफल हो गया है। मैंने तुरंत संकल्पित राशि शिरडी को भेज दी।

इसके कुछ वर्ष बाद एक और घटना घटित हुई। मैं अपने परिवार के साथ तिरुपति की यात्रा पर जाने वाला था। इसके एक दिन पहले मुझे रात्रि में स्वप्न आया कि हमारी गाड़ी के रास्ते में सड़क पर जंगल के निकट एक बहुत बड़ा पेड़ टूटकर गिरा हुआ है जिससे रास्ता अवरुद्ध हो गया है। हम गाड़ी से उतरे और पेड़ के तने को हटाने की चेष्टा की, किंतु उसमें सफल नहीं हुए तभी एक देहाती जो कि फटे-पुराने कपड़े पहने हुए था, वहाँ आया। वह हँसकर बोला, "अरे, तुम इतने लोग हो और फिर भी इस पेड़ को नहीं हटा सकते।" मैंने उत्तर दिया कि हमने पूरी कोशिश कर ली किंतु सफल नहीं हुए। उसने आश्वासन दिया कि वह अब सहायता करेगा और ज्योंही उसने हाथ लगाया पेड़ रास्ते से हट गया। मैंने कृतज्ञतापूर्वक उसे धन्यवाद दिया और साथ ही कुछ खाने के लिए भी दिया। उसने कुछ और भी माँगा तो हमारे पास जो कुछ भी था मैंने उसे दे दिया। उसने यहाँ तक कि बच्चों की जेब में मिठाई की गोलियाँ थी वे भी माँगकर ले लीं। वह सब कुछ खाकर पानी पीकर चला गया। जाते हुए उसने यह अवश्य कहा कि तुम लोगों को बहुत देर हो गई है इसलिए जल्दी चले जाओ। 30-40 मील जाने के बाद हम एक गाँव के निकट पहुँच गए और वहाँ एक छोटे से टी-स्टाल पर उतरे। हमें आशा नहीं थी कि वहाँ खाने-पीने के लिए कुछ मिलेगा हालाँकि हमें भूख बहुत लगी थी किंतु ये जानकर आश्चर्य हुआ कि जिस देहाती ने हमारी पीछे सहायता की थी वही टी-स्टाल के मालिक को हम लोगों के लिए भोजन तैयार करने के लिए भी कह गया था इसलिए हमें भोजन प्राप्त हो गया। इसके पश्चात् मेरा स्वप्न टूट गया।

जब हम तिरुपति की यात्रा करके वापस हैदराबाद लौट रहे थे तो करनाल से कुछ मील पहले एकाएक हमारी गाड़ी दुर्घटनाग्रस्त हो गई। हमारी गाड़ी लुढ़ककर नीचे ढलान की ओर गिर पड़ी। उस समय ऐसा लगा कि सब खत्म हो जायेंगे। तुरंत मैंने बाबा से प्रार्थना की और कहा कि कम से

कम बच्चों को तो बचा दें। यह देखकर आश्चर्य हुआ कि कुछ क्षणों बाद ही कार एक पेड़ के पास आकर रुक गई और उसका लुढ़कना बंद हो गया। मुझे यह देखकर भी आश्चर्य हुआ कि यह पेड़ वही था जो मैंने स्वप्न में देखा था। भगवान की कृपा से दुर्घटना के कारण किसी को कोई चोट नहीं आई और पास से गुजरती हुई गाड़ी के ड्राइवर की सहायता से हमने गाड़ी को ठीक कर लिया और इस प्रकार बाबा की कृपा से हमारी कोई क्षति नहीं हुई।

इसी प्रकार जब मैं 62 वर्ष की आयु में पहुँचा तो किसी ज्योतिषी ने बताया कि मुझे इस वर्ष किसी घातक बीमारी के होने का योग है। ये बात मैंने अपने परिवार में किसी को नहीं बताई किंतु इसके कुछ समय बाद ही मेरी पत्नी को रात्रि में एक स्वप्न दिखाई दिया जिसमें एक ऋषि ने उन्हें निर्देश दिया, "तुम अपने पति से कहो कि वह प्रतिदिन प्रातःकाल 108 बार मृत्युंजय मंत्र का जप करा करे। मेरी पत्नी को मृत्युंजय मंत्र का कुछ भी ज्ञान नहीं था इसलिए वह पूरी तरह से इसका अर्थ नहीं समझ सकी किंतु ज्योंही वह सुबह उठी। उसने इसका नाम कागज पर लिख लिया था। उसने जब मुझे ये बात बताई तो मैं समझ गया कि यह केवल श्री साईं बाबा का ही निर्देश है। ज्योतिषी ने मुझे 62वें वर्ष में जिस रोग का संकेत किया था संभवतः उसी के निवारण के लिए उन्होंने यह संकेत दिया था। उन्होंने मेरी पत्नी को ही यह संकेत क्यों दिया? इसका कारण संभवतः ये था क्योंकि हमारे घर में सबसे पहले साईं बाबा की पूजा का प्रचलन मेरी पत्नी ने ही किया था। अस्तु, मैंने संकेत के अनुसार मृत्युंजय मंत्र का जप करना आरंभ कर दिया और उसका परिणाम यह है कि मेरा संकट टल गया। दूसरा आज मैं 68 वर्ष की आयु में भी स्वस्थ हूँ। इस प्रकार साईं बाबा अपने भक्तों को पूर्व निर्देश देकर उन्हें संकटों से बचाते हैं।

(29) चोरी का पता

हैदराबाद के श्री के० सुब्रह्मण्यम् ने 'श्री साईं लीला' (अगस्त '76) में अपना अनुभव प्रकाशित करते हुए लिखा है—

जिस प्रकार प्यार के बदले प्यार मिलता है, उसी प्रकार भक्ति के बदले भक्ति मिलती है। जो भी भगवान में विश्वास करता है उसे भगवान श्री साईं बाबा कभी निराश नहीं करते। वे अपने विभिन्न कार्यों से उस पर अपनी कृपा बनाए रखते हैं।

हम 5 मई को श्री साईं बाबा के दर्शन करने के लिए शिरडी गए और 10 मई को वापिस आ गए। इस बीच कोई चोर हमारे घर से 100 रुपये, 22 कैरेट सोने के आभूषण और एक कपड़े का टुकड़ा चुरा कर ले गया। हम सभी चिंतित थे।

हमने कार्यालय के एक लड़के को अपनी यात्रा के दौरान हमारे घर पर सोने के लिए कहा था और उसे यह निर्देश दिया था कि वह सभी कमरे बंद रखे। हमने सोचा कि इस लड़के ने ही चोरी की है क्योंकि चोर तो हमारे घर की दूसरी बहुमूल्य वस्तुएँ भी ले जाता। लेकिन वह तो केवल हमारे स्टोर में सबसे ऊपर पड़े हुए बक्से में से ही ये सारी वस्तुएँ लेकर गया था। उस लड़के को 10 दिन के लिए निलंबित कर दिया गया।

इस बीच हमने पूछताछ की और हमें पता चला कि उस लड़के ने कोई चोरी नहीं की है। लेकिन हम एक चीज जानते थे कि ऐसा कभी नहीं हो सकता था कि बाबा का कोई भक्त उसके दर्शन के लिए जाए और उसके घर चोरी हो जाए। हमने सब कुछ बाबा के ऊपर छोड़ दिया।

23 मई 1975 को मेरी पत्नी ने पड़ोस के एक लड़के को एक शूट पहने हुए देखा जो कि हमारे घर से चुराए गए कपड़े से ही बना हुआ था। यह सब भी बाबा की प्रार्थना के 13 घण्टे के बाद हुआ। लड़के से पूछा गया लेकिन उसने कोई संतोषजनक उत्तर नहीं दिया तो उसके माता-पिता को बुलाया। सभी ने एक बात कही कि इस लड़के ने जो शूट पहन रखा है किसी और का हो सकता है हमारा तो नहीं है। हमने पुलिस थाने में रिपोर्ट दर्ज करवाई और अगले दिन सारा मामला सामने आ गया। उस लड़के ने बता दिया कि उसने वह सोना किसे बेचा है और उसने यह भी स्वीकार किया कि यह कपड़ा वही है जो हमारे घर से चोरी हुआ था। उसने यह भी स्वीकार किया कि उसने 100 रुपये नकद भी चुराए थे। हमने लड़के को जेल

जाने से इस शर्त पर बचा लिया कि वह भविष्य में इस प्रकार का कोई काम नहीं करेगा।

अब प्रश्न यह है कि क्या साईं बाबा यह नहीं चाहते कि उसके भक्त लोग जब उसके दर्शनों के लिए शिरडी की यात्रा करें और वे लुट जाएँ। इसलिए बाबा ने हमारे साथ ऐसा अजूबा किया ताकि लोग इस घटना को जानें और निश्चिन्त होकर शिरडी बाबा के दर्शनों के लिए जाएँ। तभी तो बाबा ने उस लड़के को वह कपड़ा चुराने और उसका शूट पहनने के लिए प्रेरित किया था अन्यथा कोई लड़का जो अपने पड़ोसी के घर से कपड़ा और कुछ चीजें चुरायेगा और कुछ समय बाद उसी कपड़े का शूट पहनकर उनके सामने क्यों जायेगा।

इससे श्री साईं बाबा की कृपा का पता चलता है।

(30) बाबा ने स्वप्न में रोग का उपचार बताया !

साईं बाबा अपने भक्तों का कितना ध्यान रखते हैं और किस प्रकार उन्हें रोग की पूर्व सूचना देकर उससे बचने का उपाय बताते हैं—इसका एक रोचक अनुभव सारंगाबाद के श्री टी० आर० आनन्द ने 'श्री साईं लीला' (1979) में प्रकाशित करवाया है जो इस प्रकार है—

11 फरवरी 1979 को श्रीमती शुब्बाराव अपनी तीन लड़कियों और एक पौत्री के साथ दोपहर में हमारे यहाँ आईं। उसने हमें साईं बाबा के भजनों के रिकार्ड चलाने के लिए कहा। हमने रिकार्ड चलाए और वह काफी देर तक सुनती रही। इसी बीच एकाएक श्रीमती शुब्बाराव बेहोश हो गई और लगभग 15 मिनिट तक इसी स्थिति में रही। इसके बाद उसे अपने आप होश आया। उसने बताया कि उसे अभी-अभी साईं बाबा का स्वप्न आया था जिसमें उसे साईं बाबा ने कहा कि उसके पिता श्री रामनाथन दो महीने के भीतर बहुत बीमार हो जायेंगे। बाबा ने उसे यह भी बताया कि साईं बाबा उसकी एक बात से नाराज हैं। उन्होंने कहा कि तुम मेरा अभिषेक करके नैवेद्य आदि चढ़ाती हो तथा आरती भी करती हो किंतु मुझे जल अर्पित नहीं करती। इस पर श्रीमती शुब्बाराव ने पूछा—जल कैसे अर्पित करना चाहिए? इस पर

बाबा ने उत्तर दिया कि एक छोटा कप ऊपर तक जल से भरकर तथा उसमें एक या दो पत्ते तुलसी के डालकर उसे साईं बाबा के चरणों के समीप आरती आदि से पहले रख देना चाहिए। फिर रात्रि में इस कप को उठा लेना चाहिए तथा उसे अपने पिताजी को पिला देना चाहिए। उन्होंने यह भी कहा कि यह कप थोड़ा-सा खाली हो जायेगा।

श्रीमती शुब्बाराव ने ऐसा ही किया। इससे उनके पिताजी रोग के आक्रमण से बच गए। इस प्रकार बाबा अपने भक्तों को रोग की पूर्व सूचना देकर उन्हें उससे मुक्ति का भी उपाय बताते हैं।

(31) यात्रा का साथी

बंगलौर के श्री के० एस० रामास्वामी ने 'श्री साईं लीला' में अपना अनुभव प्रकाशित करते हुए लिखा है—"मेरे चार लड़कियाँ और एक लड़का है। मेरी सबसे बड़ी लड़की ने बी०एस-सी० उत्तीर्ण कर लिया था। मैं चाहता था कि वह आगे पढ़े किन्तु पता नहीं क्यों उसकी रुचि इसमें नहीं थी। वह कोई नौकरी करना चाहती थी।

यह 1976 की बात है तब मैं एक बहुत बड़ी सरकारी संस्था में मुख्य निरीक्षक के पद पर नियुक्त था। मेरी ड्यूटी प्रातः सवा ग्यारह बजे तक होती थी और मैं उसके बाद घर आ जाता था। एक दिन मेरे उच्चाधिकारी ने मुझे गुरुवार को दोपहर के तीन बजे तक ठहरने के लिए कहा। जब मैं कार्य से लौट रहा था तो रास्ते में बस में मेरी एक मित्र से भेंट हुई उसे मैंने अपनी सबसे बड़ी लड़की की चर्चा करते हुए उसके लिए कोई उपयुक्त वर बताने के लिए कहा। उसने उत्तर दिया कि उसका छोटा भाई, जो कि विदेश में बहुत ऊँचे पद पर कार्य कर रहा है, शीघ्र ही भारत आने वाला है। उससे विवाह हो सकता है। उसके घर के लोग भी उसी वर्ष उसका विवाह कर देना चाहते हैं। मैं अगले दिन ही उस लड़के के माता-पिता से मिलने गया। उनसे मैंने सारी बातचीत की। उसके दो दिन बाद ही वे मेरी लड़की को देखने आ गए तथा लड़की उन्हें पसंद आ गई। उसके कुछ समय बाद लड़का जो अमरीका में था, भारत आ गया। उसे भी लड़की दिखाई गयी किंतु लड़के ने कोई भी

उत्तर नहीं दिया। इससे हमें थोड़ी चिंता हुई कि कहीं ऐसा न हो कि लड़के को लड़की पसंद न आई हो किंतु अचानक ही रात्रि में दस बजे उनका फोन आया और उन्होंने बताया कि उन्हें लड़की पसंद है।

इसके पश्चात् मेरी लड़की का उनके यहाँ सम्बन्ध निश्चित हो गया किंतु लड़के को विदेश (अमेरिका) शीघ्र लौटना था अतः वे चाहते थे कि विवाह शीघ्र हो जाए। उन्होंने केवल एक सप्ताह के बाद ही 20 फरवरी को विवाह करने की तिथि निश्चित की। इतने कम समय में शादी की व्यवस्था करना बहुत कठिन था किंतु मैंने साईं बाबा से प्रार्थना की और उनकी कृपा से जो कार्य बहुत कठिन और असंभव लगता था वह भी सम्पन्न हो गया। इतना ही नहीं, विवाह के पश्चात् सभी लोगों ने यह तथ्य स्वीकार किया कि विवाह बहुत ही सुंदर ढंग से हुआ है।

विवाह के अनंतर एक समस्या और उपस्थित हो गई। मेरी लड़की को भी लड़के के साथ तुरंत अमेरिका जाना था। लड़की का पासपोर्ट व वीजा बना हुआ नहीं था अतः यह निश्चय किया गया कि लड़का पहले चला जायेगा और लड़की इसके पश्चात् अकेली चली जायेगी। इस कार्य में लगभग तीन महीने लग गए। अंत में लड़की का 27 जून को विदेश यात्रा का कार्यक्रम बना। उसे अमेरिका सीधे जाने के लिए टिकट नहीं मिला अपितु उसे उस वायुयान में जगह मिली जो कि फ्रांस होते हुए जाता है। इतना ही नहीं उसे पेरिस में हवाई-जहाज भी बदलना था। मार्ग में खर्च के लिए भी उसे केवल छह डालर की राशि प्राप्त हुई। ऐसी स्थिति में हम लोग बहुत चिंतित थे कि अकेली लड़की किस प्रकार यात्रा करेगी। हमने फिर साईं बाबा से प्रार्थना की तो एक चमत्कार घटित हुआ।

जब मैं अपनी बेटी को विदा करने के लिए बम्बई हवाई-अड्डे पर पहुँचा तो वहीं एकाएक मेरी भेंट उसी एजेन्ट से हुई जिसने मेरी बेटी की यात्रा का टिकट बुक करवाया था। उसने कहा कि मैं आपको ही ढूँढ़ रहा हूँ। आपकी बेटी अकेली जा रही है इसलिए मैंने एक ऐसे यात्री को खोजा है जो कि उसी हवाई-जहाज में अमेरिका जा रहा है। उससे मेरा परिचय करवाया गया तो हमें यह देखकर हैरानी हुई कि वह यात्री भी अमेरिकन लड़की थी जो कि

मेरी लड़की के समान उम्र की थी। उसने मुझे कहा कि आप अपनी लड़की की कोई चिंता न करें, मैं उसे फ्रांस में भी संभाल लूँगी और उसके पश्चात् उसे अमेरिका में उसके पति तक सुरक्षित पहुँचा दूँगी। जब मैंने ये बताया कि उसके पास मार्ग व्यय के लिए डालर की राशि भी अधिक नहीं है तो उसने अपना पर्स खोलकर दिखाया कि यह पूरा डालरों से भरा है आप चिंता न करें। मैंने उससे यह पूछा कि वह भारत क्यों आई थी और मेरी लड़की का उसे कैसा पता चला तो उसने उत्तर दिया कि वह साईं बाबा के लिए ही भारत आई थी और उनकी लड़की को सुरक्षित पहुँचाने का कार्य भी उसे साईं बाबा ने सौंपा है इसलिए उसने मुझे कहा कि आप कोई चिंता न करें, आपकी लड़की को सुरक्षित पहुँचाने का कार्य साईं बाबा का कार्य है। इसके पश्चात् वे विदा हो गए। बाद में लड़की से पता चला कि उसने सारे रास्ते उसका बहुत ध्यान रखा और उसे सुरक्षित उसके पति के पास पहुँचा दिया किंतु हमने जब उस अमेरिकन लड़की का पता करना चाहा तो कुछ भी पता नहीं चला। वह लड़की कौन थी, कहाँ रहती थी और कैसे वहाँ आई थी ये सारी बातें रहस्य हैं इसलिए लड़की के पिता के मन में कई बार यह भी ख्याल आया कि कहीं साईं बाबा ही तो इसके रूप में अवतरित हो करके उनकी सहायता के लिए नहीं पहुँच गए। खैर वास्तविकता कुछ भी हो किंतु इसमें कोई संदेह नहीं कि बाबा ने जिस प्रकार से हम लोगों की समय-समय पर सहायता की वह अद्भुत है।"

(32) कुछ क्षणों में ही पीड़ा दूर हो गयी

गंटूर (आंध्र प्रदेश) के श्री वी० वी० रमेश ने 'श्री साईं लीला' (अगस्त '88) में एक लेख प्रकाशित करके बताया है कि किस प्रकार साईं भगवान अपने भक्तों की प्रार्थना सुनकर तुरंत सहायता करते हैं। वे एक बार सन् 1987 में अपने परिवार के साथ गया (बिहार) गये हुए थे। वे लोग जब एक ऑटो रिक्शा में बैठकर शहर में जा रहे थे तो एक जगह सड़क बहुत ही ऊँची-नीची थी। जहाँ उनका ऑटो रिक्शा फिसल गया और झटके से उनकी बहिन की लड़की रिक्शा से नीचे गिर पड़ी। उस लड़की का पाँव भी रिक्श. के पहिये से कुचल गया था। लड़की दर्द के मारे चीखने लगी। हम लोगों ने

उसे उठाकर चुप करवाने की कोशिश की। हम चाहते थे कि उसे तुरंत किसी डाक्टर को दिखाएँ। किंतु आस-पास में कोई डाक्टर नहीं था। हम लोग साईं बाबा के बहुत पुराने भक्त हैं। यहाँ तक कि वह बच्ची भी बाबा की 'जय' बोला करती थी। अतः हमने बाबा से प्रार्थना की और उनकी विभूति उसके पैर पर मल दी तथा बाबा का एक छोटा चित्र भी बच्ची के हाथ में दे दिया और हम पुनः ऑटो रिक्शा पर सवार होकर अपने निवास-स्थान की ओर चल पड़े। लगभग आधे घण्टे के बाद जब हम अपने निवास-स्थान पर पहुँचे तो यह देखकर प्रसन्नता हुई कि लड़की अब पूर्णतः स्वस्थ हो गई थी। वह ऑटो से स्वयं उतर कर दौड़ती हुई घर में घुसी तथा अपने दादाजी को आवाजें लगाईं। पहले जहाँ वह अपने पाँव को हाथ से छूने नहीं दे रही थी, वहाँ अब उसे कोई पीड़ा नहीं हो रही थी। इस तरह से बाबा की कृपा से कुछ ही क्षणों में वह ठीक हो गई।

(33) मुझे बाबा की पुस्तक कैसे प्राप्त हुई?

श्री सुब्बाराव ने अपना अनुभव 'श्री साईं लीला' (सितम्बर '76) में प्रकाशित करवाते हुए निम्नांकित विवरण दिया है—

मैं 1976 में शिरडी गया था—ऐसा प्रतीत हुआ कि मानों स्वयं बाबा ने मुझे बुलाया है। वहाँ मैं बाबा से सम्बन्धित कोई पुस्तक खरीदना चाहता था किंतु इस बात का निर्णय नहीं कर पाया कि कौन-सी खरीदूँ। फिर मैंने सोचा कि सायंकाल खरीद लूँगा—मुझे इस बात का पता नहीं था कि बुक-स्टाल चार बजे ही बंद हो जाता है। सायंकाल की आरती से पूर्व मैं लैडी गार्डन में घूम रहा था कि अचानक एक व्यक्ति उधर आया। वह बाबा की कोई पुस्तक पढ़ रहा था। मुझे देखकर वह बोला—"क्या तुम यह पुस्तक पढ़ना चाहते हो?" मैंने उत्तर दिया कि बुक-स्टाल से खरीद लूँगा तो उसने बताया कि वह अब बंद हो गयी है। वह मुझे वैसे ही वह पुस्तक देना चाहता था किंतु मैंने उसका मूल्य देकर उससे ले ली। वह पुस्तक 'साईं सच्चरित्र' (अंग्रेजी अनुवाद) ही थी। वस्तुतः मैं वैसी ही कोई पुस्तक खोज रहा था। उस व्यक्ति ने बिल्कुल मेरे मन के अनुरूप पुस्तक दी अन्यथा मैं शिरडी से पुस्तक लिये बिना ही लौट जाता। मेरा

विश्वास है कि मेरी पुस्तक प्राप्ति की उत्कट अभिलाषा को देखते हुए स्वयं बाबा ही पुस्तक देने आये थे।

(34) नव-वर्ष का शुभारम्भ

श्रीनगर के श्री जी० एन० गोपाल कृष्णन ने 'श्री साईं लीला' (अप्रैल '86) में अपना अनुभव प्रकाशित करवाते हुए बताया है कि किस प्रकार बाबा ने उनकी इच्छा पूरी की। एक बार उन्हें दिसम्बर '85 में विजयवाड़ा के साईं-संगठन का आमंत्रण प्राप्त हुआ जिसमें इस बात की सूचना थी कि वे दिसम्बर के अंतिम सप्ताह में एक अखंड साईं कीर्तन का आयोजन कर रहे हैं जो नये वर्ष के आरंभ तक चलेगा। निमंत्रण-पत्र को पढ़कर मेरी इच्छा हुई—काश! मैं भी इस आयोजन में सम्मिलित होकर नये वर्ष का शुभारंभ बाबा के कीर्तन के साथ कर पाता, किंतु मैं इतनी दूर जाने की स्थिति में नहीं था। अतः आयोजन के लिए कुछ चंदा भेजकर ही मन को संतुष्ट किया। किंतु जब नये वर्ष का शुभारम्भ हुआ—अर्थात् 01 जनवरी, 86 को तो एकाएक मेरे एक सहयोगी ने मुझे बधाई देते हुए एक ऐसा कैलेण्डर भेंट किया जिसमें बाबा विद्यमान थे। इस प्रकार नव-वर्ष का शुभारम्भ बाबा के साथ करने की मेरी इच्छा अप्रत्यक्ष रूप में पूरी हो गई। मेरा विश्वास है कि ऐसा बाबा की कृपा से ही हुआ।

(35) वह भिखारी कौन था?

दिल्ली के श्री भरत कुमार ने 'श्री साईं लीला' (सितम्बर) में अपना अनुभव प्रकाशित करवाते हुए लिखा है—"सन् 1979 में मैं अपनी पत्नी के साथ शिरडी गया। किंतु वहाँ अत्यधिक भीड़ थी, अतः मैं पूजा की भेंट राशि भी बाबा को अर्पित नहीं कर पाया। उस दिन कोई विशेष पर्व था, अतः भीड़ के कारण दान-पात्र तक पहुँचना कठिन हो गया था। अतः मैंने मन में सोचा कि वह राशि मन्दिर से बाहर निकल कर किसी भिखारी को भेंट कर दूँगा।

जब पूजा और आरती के पश्चात् हम लोग बाहर निकले तो रात हो गई थी किंतु मंदिर के पास ही एक सफेद दाढ़ी वाला भिखारी मुझे दिखाई दिया।

वह भीड़ में से निकल कर सीधा मेरे पास आया और मुझसे उतनी ही राशि माँगी जितनी मैंने किसी भिखारी को देने के लिए सोच रखी थी। अतः मैंने तुरंत वह राशि उस भिखारी को दे दी किंतु ज्योंही मैंने सोचा कि उस भिखारी से कुछ बात भी करनी चाहिए तो वह कहीं दिखाई नहीं पड़ा। वह अदृश्य हो गया था। इससे मैं इसी निष्कर्ष पर पहुँचता हूँ कि वह भिखारी और कोई नहीं था स्वयं शिरडी साईं बाबा ही मेरे मन की इच्छा के अनुसार वहाँ प्रकट हुए थे।''

(36) 'ना' से 'हाँ'

श्री अनिल केशवराव ने अपने अनुभव ('श्री साईं लीला,' फ़रवरी '79) में बताया है कि किस प्रकार 'ना' 'हाँ' में बदल गयी। वे एक कार्यालय में नौकरी कर रहे थे और साथ ही बी०ए० की परीक्षा देना चाहते थे किंतु उनके विभाग के अधिकारी ने उन्हें परीक्षा देने की अनुमति नहीं दी। किंतु श्री अनिल का बाबा में दृढ़ विश्वास था अतः उन्होंने अनुमति की बात बाबा पर छोड़कर अपनी परीक्षा का फार्म भर दिया। उन्होंने अपने विभाग को एक बार पुनः अनुमति के लिए प्रार्थना-पत्र दिया।

इसी बीच उनके एक बड़े अधिकारी कलकत्ते से आये और वे उनके कार्य को देखकर इतने प्रसन्न हुए कि उन्होंने श्री अनिल को परीक्षा में बैठने की अनुमति दे दी। श्री अनिल को विश्वास है कि यह बाबा की ही कृपा थी जिससे कि 'ना' 'हाँ' में परिवर्तित हो गई।

●

शिवम्माताई : 'जो अपनी आँखों से देखा!'

बाबा ने ऐसे भक्तों में से जिनका बाबा से व्यक्तिगत सम्पर्क रहा और जो आज भी जीवित हैं, श्रीमती शिवम्माताई का नाम सर्वोपरि है। उन्होंने 15 वर्ष की आयु में सन् 1906 में स्वयं बाबा से दीक्षा ग्रहण की थी तथा बाबा के जीवन-काल में वे बराबर उनके सम्पर्क में रहीं। बाबा के समाधि लेने के बाद अब वे बंगलौर में निकट रूपन अग्रहारा, मंडीवाला में 'श्री शिरडी साईं बाबा आश्रम' को स्थापित करके उसका संचालन कर रही हैं। सन् 1992 ई० में डा० सत्यपाल रूहेला ने उनसे व्यक्तिगत रूप से भेंट करके एक पुस्तक 'माई लाइफ विथ श्री शिरडी साईं बाबा'—प्रकाशित करवाई है जिसमें उनके जीवन के विभिन्न अनुभव दिये गये हैं। इसमें शिवम्माताई के द्वारा अपनी आँखों से देखे हुए बाबा के अनेक चमत्कारों का भी विवरण दिया गया है। इस पुस्तक का हिन्दी अनुवाद भी प्रकाशित हो गया है। (प्राप्ति स्थान—'साईं एज पब्लिकेशन्स, 126, सैक्टर 37, फरीदाबाद-121003) इस पुस्तक से बाबा के व्यक्तित्व एवं चरित्र के बारे में कई नयी बातें ज्ञात होती हैं। यहाँ इसी पुस्तक के आधार पर कुछ महत्वपूर्ण तथ्यों पर प्रकाश डाला जाता है।

शिवम्माताई का जन्म 17 मई 1891 शनिवार को तीसरे पहर एक बजे तमिलनाडु प्रदेश के कोयम्बटूर जिले में स्थित एक गाँव में हुआ था। उनके पिता किसान थे। उनका विवाह 13 वर्ष की आयु में ही श्री सुब्रह्मण्यम् से हो गया था। जब वे 15 वर्ष की आयु में थीं तो उनके चाचा शिरडी साईं बाबा को लेकर उनके गाँव में आये। यह सन् 1906 की बात है। उस समय हजारों लोगों ने वहाँ बाबा का स्वागत किया। जब बाबा से वे अपने परिवार के अन्य लड़के-लड़कियों के साथ मिलीं तो बाबा ने केवल उन्हें ही अपनी दीक्षा देने के लिए चुना। बाबा के सम्बन्ध में अपने अनुभवों पर प्रकाश डालते हुए शिवम्माताई ने बताया कि बाबा ने मुझे अकेले में गायत्री मंत्र दिया था किंतु

मैं उस मंत्र को भूल गयी तो बाबा ने अगले दिन पुनः उस मंत्र को दुहराने की कृपा की। साथ ही उसे तमिल लिपि में कागज पर भी लिख दिया। मैं घर के कामों में बहुत व्यस्त रहती थी। इसलिए बाबा के चले जाने के बाद मंत्र वाले कागज को कहीं रखकर भूल गयी। मैंने उसे घर में सब जगह ढूँढ़ा किंतु वह कहीं नहीं मिला। इससे मैं बहुत चिंतित हो गयी। तब रात्रि में बाबा ने स्वप्न में मुझे दर्शन देकर कहा—"उस कागज को अपने उस बर्तन में खोजो जिसमें तुम चावल रखती हो।" जागने पर मैंने उसी बर्तन में खोजा तो वह कागज़ मिल गया। फिर तो मैंने उस मंत्र को अच्छी तरह कंठस्थ कर लिया।

आँखों देखे चमत्कार—शिवम्माताई ने शिरडी बाबा के सम्बन्ध में अपने अनेक चामत्कारिक अनुभवों का भी विवरण दिया है। एक बार सन् 1915 के आसपास जब वे शिरडी गयी हुई थीं और वहीं बाबा की मस्जिद के निकट ही ठहरी हुई थीं। वहाँ जब वे रात्रि में लगभग 9.30 बजे घर से बाहर निकलीं तो उन्होंने देखा कि द्वारकामायी के पास किसी मनुष्य की टाँग कटी पड़ी है। जब वे पाँच-छह फुट आगे बढ़ीं तो उन्हें शरीर के अन्य अंग कटे हुए दिखाई दिये। वे रात्रि के अंधेरे में जितना पहचान पाईं उससे उन्हें लगा कि ये सारे अंग शिरडी साईं बाबा के ही हैं। उन्होंने सोचा कि "संभवतः उनकी किसी ने हत्या कर दी और उनके शरीर के अंगों को काटकर इधर-उधर फेंक दिया हो।' मन में ये विचार आते ही वे काँप गयीं और डर के मारे दौड़कर वापस कमरे में चली गयीं। वे रात्रि भर रोती रहीं। प्रातः जब वे पाँच बजे उठकर उन्होंने अपने कमरे की वह खिड़की खोली जिसमें से बाबा की मस्जिद दिखाई पड़ती थी। उन्हें यह देखकर आश्चर्य हुआ कि बाबा मस्जिद में बैठे हुए चिलम पी रहे हैं। वे दौड़कर बाबा के पास गयीं और उनसे रात्रि की बात बताई तो बाबा ने उत्तर दिया कि "बेटी मैंने रात्रि को खंड योग किया था। कभी-कभी जब मैं खण्ड योग करता हूँ तो मैं सारे अंगों को शरीर से अलग कर देता हूँ। उस समय मेरी आत्मा अलग हो जाती है। रात्रि में जब तुम मेरे शरीर के अंगों के पास से जा रही थीं तो मेरी आत्मा ने तुम्हें देखा था किंतु मैं बोल नहीं सकता था।" बाद में बाबा ने शिवम्मा से

पूछा कि क्या तुम भी खण्ड योग सीखना चाहती हो तो उन्होंने अस्वीकार कर दिया।

इसी तरह शिवम्मा ने बाबा के और भी कई प्रकार की योग-साधनाएँ करते हुए देखा। कई बार बाबा अपनी अंतड़ियों को शरीर से बाहर निकाल दिया करते थे या कई बार अपना शरीर भी छोड़कर चले जाया करते थे। इसी प्रकार एक बार शिवम्मा ने बाबा को मस्जिद में पानी से दिये जलाते हुए भी देखा था। बाबा कुछ लोगों को शिरडी में नियमित रूप से भोजन देते थे और उनकी आर्थिक सहायता भी करते थे। उन्होंने अपनी महासमाधि से कुछ घंटे पूर्व भी एक महिला को नौ रुपये दिये थे। बाबा प्रत्येक व्यक्ति का अतीत, वर्तमान और भविष्य जान लेते थे। वे सर्वशक्तिमान थे।

शिवम्मा ने इस बात की पुष्टि की है कि बाबा विभिन्न अवसरों पर विभिन्न भाषाएँ बोलते थे। वे संस्कृत, अरबी, उर्दू, हिन्दी, मराठी, तमिल आदि 14-15 भाषाओं में बोल सकते थे।

शिवम्मा ने बताया कि बाबा यद्यपि सशरीर विद्यमान नहीं हैं किंतु बाबा के निर्देश उन्हें अब भी निरंतर प्राप्त होते रहते हैं। कुछ समय पूर्व उनके आश्रम में नीम के पेड़ के समीप एक साँप दिखाई देता था। बाबा ने स्वप्न में उन्हें निर्देश दिया कि मुझे उत्तर दिशा वाले दरवाजे से आना जाना बंद कर देना चाहिए। अब यदि कभी भी वे आश्रम से बाहर जाती हैं तो बाबा की अनुमति लेकर ही जाती हैं।

शिवम्माताई का नाम दूर-दूर तक फैल गया है इसलिए पिछले 20 वर्ष से भक्तों की भीड़ उनके आश्रम में आती रहती है। कई बार वे भक्तों के प्रश्नों के उत्तर या उनकी समस्याओं के समाधान भी बाबा का ध्यान लगाकर करती हैं। बाबा के आश्रम में बाबा की कई मूर्तियाँ स्थापित हैं। किंतु कुछ समय पूर्व तक वह मूर्ति स्थापित नहीं थी जिसमें साईं बाबा भिक्षा पात्र लिये हुए खड़े हैं। इसलिए एक बार बाबा ने उनसे स्वप्न में कहा—"शिवम्मा तुमने मेरी और तो सारी तस्वीरें लगा दी हैं किंतु वास्तव में तो मैं एक फकीर था और टीन के डिब्बे में भिक्षा माँगा करता था किंतु तुमने मेरी वह तस्वीर (मूर्ति) नहीं लगाई जिसमें मैं एक भिखारी के रूप में हूँ।"

बाबा का व्यक्तित्व—बाबा के व्यक्तित्व के बारे में जानकारी देते हुए शिवम्माताई ने बताया है कि "बाबा का व्यक्तित्व बहुत ही आकर्षक था। वे लगभग छह फुट लम्बे थे। उनके हाथ लम्बे-लम्बे थे। उनके हाथों की अँगुलियाँ घुटनों तक पहुँचती थीं। उनका रंग गोरा था। वे न बहुत पतले थे और न ही अधिक स्थूल। नाक तीखी थी और उनकी आँखें काली न होकर नीली और गहरी थीं। लोग कहा करते थे कि बाबा की आँखें रात्रि में चीते या बाघ की आँखों की तरह चमकती हैं। मैं बाबा के व्यक्तित्व से अभिभूत रहती थी। उन्हें देखकर यह लगता था कि सचमुच भगवान मनुष्य के रूप में अवतरित हो गये हैं। बाबा अपने भक्तों के लिए प्रायः स्वयं ही भोजन पकाया करते थे। भोजन बनाते समय वे उबलते हुए खाद्य पदार्थों के बर्तनों में अपना हाथ डालकर पदार्थों को हिलाते रहते थे किंतु उनके हाथ नहीं जलते थे। यह चमत्कार हम सभी लोग देखते थे।"

शिरडी साईं बाबा शिव के अवतार थे। शिवम्मा का मूल नाम कोई और था। सन् 1917 में बाबा ने ही उसे 'शिवम्मा' का नाम दिया। सन् 1917 में शिवम्मा को बाबा ने निर्देश दिया कि वह बंगलौर जाकर बाबा के नाम का एक आश्रम बनाए और वहीं रहे। बाबा के निर्देशानुसार वह बंगलौर चली गयी और प्रारम्भ में वहाँ भिक्षा माँगकर जीवन-यापन करती रही। आगे चलकर सन् 1944 में एक धर्मात्मा व्यक्ति श्री नारायण रेड्डी ने आश्रम के लिए अपनी भूमि दान में दी और वहाँ श्री साईं बाबा आश्रम स्थापित हो गया। यह आश्रम बंगलौर के मंडीवाला के रोपन अग्रहाए स्थान पर स्थित है। इसी आश्रम में रहते हुए शिवम्मा ने एक बार बारह वर्ष का उपवास किया। वे आश्रम के एक कमरे के निकट भूमि पर आसन लगाकर बैठ गयीं और बारह वर्ष तक बिना कुछ खाये-पीये वहीं स्थित रहीं। उनके आस-पास चारों ओर जमीन में से ही एक पत्थरों की दीवार बन गई जिसने उनके शरीर को आच्छादित कर लिया। उपवास के अंतिम दिनों में एक सुनहरे रंग का साँप भी आकर उनके पास बैठ जाता था किंतु शिवम्मा को इसका पता नहीं चला। दूसरे लोग जो दर्शनों के लिए आते थे, उन्होंने ही इसे देखा। बारह वर्ष बाद उन्होंने साईं भक्तों के अनुरोध पर अपना यह उपवास छोड़ दिया।

इसके अनंतर वे आश्रम में ही रहकर बाबा की भिक्षाओं का प्रचार करती रही हैं। आगे चलकर उन्होंने आश्रम के ही निकट एक प्राइमरी स्कूल स्थापित किया जो अब हाई स्कूल बन गया है। शिवम्माबाई अपनी 102 वर्ष की आयु में भी बाबा की कृपा से आश्रम एवं स्कूल का संचालन कर रही हैं।

●

बाबा की शिक्षाएँ और दिव्य वचन

श्री शिरडी साईं बाबा अपने जीवन-काल में समय-समय पर अपने भक्तों को अत्यंत सूत्र रूप में शिक्षाप्रद संकेत देते रहते थे। उनमें से कुछ यहाँ प्रस्तुत हैं—

(1) यह सत्य है कि भगवान सर्वत्र विद्यमान हैं। यह विश्व भगवान की ही रचना है। ईश्वर ही समस्त सृष्टि का स्रष्था, पालनकर्ता और संहारकर्ता है।

(2) भगवान की इच्छा सर्वोपरि है। इस पृथ्वी पर जो भी कुछ हो रहा है वह भगवान की ही इच्छा से हो रहा है।

(3) मानव-शरीर अत्यंत दुर्लभ है। यह भगवान की ही कृपा से प्राप्त होता है, अतः उसका पूरी तरह सदुपयोग करना चाहिए।

(4) अपनी वाणी से सदैव भगवान के नाम का उच्चारण करो। अपने कानों से भगवान की महिमा का श्रवण करो और अपने नेत्रों से उन्हीं की लीला देखो। अपना समय व्यर्थ की बातों में मत बिताओ।

(5) दूसरों के साथ वैसा ही व्यवहार करो, जिसकी अपेक्षा तुम अपने लिए करते हो। दूसरों को किसी प्रकार से कष्ट पहुँचाना पाप है और सुख पहुँचाना पुण्य है।

(6) यदि तुम सुख और शांति चाहते हो तो पाप से बचो।

(7) अपनी तुलना दूसरों से मत करो। जो जैसा है, वैसा ही रहेगा।

(8) दूसरों की प्रसन्नता से आनंद प्राप्त करो।

(9) तुम दूसरों के लिए आदर्श बनो।

(10) गरीबों की सहायता करो। भूखे व्यक्तियों को खाना खिलाओ एवं अनाश्रित को आश्रय दो। भगवान विभिन्न रूप धारण करके आते

हैं। अतः किसी भी भिखारी को कटु शब्द मत कहो और न ही उस पर क्रोध करो। यदि तुम उसे कुछ देना नहीं चाहते तो कम से कम चुप रहो।

(11) दूसरों के दोषों की तुम चिंता मत करो। तुम अपने आपको निर्दोष और पवित्र बनाने की चिंता करो।

(12) जो बुरा काम करेगा, वही उसका दण्ड भुगतेगा अतः दूसरों को इसकी चिंता करने की क्या आवश्यकता है? यदि लोग तुम्हारी बुराई करते हैं, निंदा करते हैं या तुम्हें गाली देते हैं तो भी तुम उन्हें उत्तर मत दो। इन सबका तुम्हारे पर कोई प्रभाव नहीं पड़ेगा।

(13) कोई भी व्यक्ति अपने प्रारब्ध से नहीं बच सकता। वह उसे चाहे प्रसन्नतापूर्वक स्वीकार करे या दुख के साथ।

(14) न तो बहुत अधिक खाओ और न बहुत कम, अपना खान-पान सामान्य रखो।

(15) सत्य तुम्हारा सबसे अच्छा मित्र है। यह तुम्हें कितनी ही चिंताओं से बचायेगा तथा तुम्हें प्रसन्नता और शांति देगा। जो सत्य के मार्ग पर चलते हैं उनकी सहायता और सेवा भी भगवान करते हैं।

बाबा के ग्यारह वचन

शिरडी साईं बाबा ने महासमाधि लेने के कुछ समय पूर्व अपने भक्तों को आश्वासन के रूप में कुछ वचन दिये थे जो कि अब भी शिरडी में द्वारिकामाई की दीवार पर अंकित हैं। ये वचन भक्तों के लिए बड़े प्रेरणाप्रद हैं, अतः उन्हें यहाँ प्रस्तुत किया जाता है—

(1) जो भी शिरडी की भूमि पर पाँव रखेगा उसके कष्ट दूर हो जायेंगे।

(2) दुःखी एवं असहाय व्यक्ति ज्यों ही मेरी मस्जिद की सीढ़ियों पर कदम रखेगा त्यों ही उसे सुख एवं आनन्द प्राप्त होगा।

(3) मैं इस शरीर को छोड़ देने के बाद भी सक्रिय रहूँगा।

(4) मेरे बाद मेरी समाधि ही भक्तों की प्रार्थना सुनकर उसका उत्तर देगी।

(5) मैं अपनी समाधि में से ही सदा सक्रिय एवं कार्यरत रहूँगा।

(6) मेरी शरण में आकर कोई खाली नहीं जायेगा।

(7) तुम मुझे जिस भाव से देखोगे उसी भाव से मैं तुम्हें देखूँगा।

(8) यदि तुम अपना बोझ मुझ पर छोड़ दोगे तो मैं निश्चय ही उसे उठाऊँगा।

(9) यदि तुम मुझसे सहायता चाहोगे तो वह तुम्हें भरपूर मिलेगी।

(10) मुझमें तन-मन से लीन रहने वाले भक्त का मैं सदैव ऋणी रहूँगा।

(11) मेरी अनन्य भाव से उपासना करने वाला भक्त धन्य हैं। उसके घर में किसी प्रकार की कोई कमी नहीं रहेगी।

अस्तु, जैसा कि पीछे दिये गये विभिन्न संस्मरणों से स्पष्ट है कि बाबा अपने वचनों को आज भी पूरी तरह निर्वाह कर रहे हैं तथा वे भक्तों की निरंतर सहायता कर रहे हैं। वस्तुतः भक्तों के विभिन्न अनुभवों के अध्ययन से तो ऐसा प्रतीत होता है कि बाबा ने अपने जीवन-काल में भक्तों की जितनी सहायता की है उससे भी अधिक सहायता वे अब कर रहे हैं।

शिरडी साईं बाबा : दिव्यत्व-बोध

बाबा के बहुत से भक्त उन्हें दिव्य-शक्ति या भगवान मानते हैं। अतः यह प्रश्न विचारणीय है कि क्या बाबा सचमुच भगवान हैं? इससे पूर्व हमें इस बात पर विचार करना होगा कि भगवान की कौन-सी ऐसी विशेषताएँ होती हैं जिनसे कि उन्हें पहचाना जा सके। मैं जहाँ तक समझता हूँ कि वैसे तो भगवान को पहचानना बहुत कठिन है किंतु सामान्यतः उनकी तीन विशेषताएँ मानी जाती हैं—(1) सर्वज्ञता (2) सर्वव्यापकता (3) सर्वशक्तिमता। मनुष्य का ज्ञान जहाँ अल्प होता है वहीं भगवान या भगवान के अवतार सर्वज्ञ होते हैं। वह सब कुछ जानते हैं। दूसरे, मनुष्य देश, काल की सीमाओं से आबद्ध होते हैं जबकि भगवान इन सीमाओं से मुक्त होते हैं। वह सर्वव्यापक होते हैं और तीसरे, मनुष्य की शक्तियाँ सीमित होती हैं जबकि भगवान की शक्तियाँ असीमित होती हैं। भगवान अपनी इच्छा या संकल्प मात्र से सब कुछ कर सकते हैं। मैं समझता हूँ कि किसी भी व्यक्ति की दिव्यता को परखने के लिए उपर्युक्त तीन कसौटियों को आधार रूप में ग्रहण किया जा सकता है। अतः शिरडी साईं बाबा को भी हम इनके आधार पर देख सकते हैं।

(1) **सर्वज्ञता**—जहाँ तक सर्वज्ञता की बात है। हम देखते हैं कि बाबा से कुछ भी छिपा हुआ नहीं है। उनके विभिन्न भक्तों द्वारा बताए गए अनुभवों से स्पष्ट है कि उनकी सर्वज्ञता प्रायः देखने को मिलती थी। बहुत से भक्त उनसे भेंट करने के लिए जाते समय अपने मन में कोई बात सोचते थे किंतु ज्योंही वे बाबा के पास पहुँचते थे तो बाबा उनके कहे बिना ही वे सारी बातें जान जाते थे और उनका यथोचित उत्तर दे देते थे। कई भक्त यह सोचकर जाते थे कि वह पहले शिरडी जायेंगे और इसके पश्चात् अन्यत्र जायेंगे। उदाहरण के लिए एक भक्त को अक्कलकोट की यात्रा करनी थी किंतु वे

किसी के कहने से पहले शिरडी चले गए। बाबा ने उन्हें देखते ही कहा "अक्कलकोट शीघ्र पहुँचो" कई बार ऐसा भी हुआ है कि कोई भक्त उनके यहाँ पहुँचने वाला है कि उससे पहले ही वे शिरडी में बैठे हुए घोषित कर देते कि अमुक व्यक्ति आने वाला है। उदाहरण के लिए दामोदर के प्रसंग में ऐसा ही हुआ। यदि कोई अन्य व्यक्ति भी किसी भक्त के माध्यम से बाबा को कुछ संदेश देता तो उसे भी बाबा बताने से पूर्व ही जान जाते थे। एक बार किसी व्यक्ति ने शिरडी जाने वाले भक्त से कहा कि "बाबा से कहना कि मुझे पुलिस ने झूठे केस में फँसा लिया है अतः वे मुझे मुक्त करवाएँ।" वह व्यक्ति बाबा के पास गया। उनके द्वारा यह बताने से पूर्व ही बाबा ने कहा, "उसे कहना वह मुक्त हो जायेगा।" कई बार कोई व्यक्ति बाबा को कोई भेंट भेजता। किंतु भेंट लाने वाला व्यक्ति भेंट देना भूल जाता। ऐसी स्थिति में बाबा स्वयं उसे उसके बारे में याद दिलवा देते। उदाहरण के लिए एक भक्त तीर्थ यात्रा के लिए गया तो किसी संन्यासी ने बाबा को देने के लिए एक नारियल भेंट किया। किंतु वे लोग नारियल रास्ते में खा गए। उन्होंने बाबा से नारियल की चर्चा नहीं की। किंतु स्वयं बाबा ने उनसे पूछा कि "वह नारियल कहाँ है?" अस्तु, इस बात के अनगिनत प्रमाण हैं जबकि बाबा अपने पास आने वाले सभी भक्तों के मन की बात जान लेते थे। किंतु बाबा के ज्ञान की सीमा यहीं तक सीमित नहीं थी। वे प्रत्येक व्यक्ति का वर्तमान, उसका अतीत और भविष्य भी जान लेते थे इसलिए वे उनसे सम्बन्धित सभी बातें बता देते थे। इस बात के भी बहुत से उदाहरण हैं कि बाबा न केवल मनुष्यों के अपितु पशु-पक्षियों के भी पिछले जन्मों का हाल भी बता देते थे। इस प्रकार वे सबका वर्तमान, अतीत एवं भविष्य जान लेते थे। ऐसी स्थिति में यदि उन्हें त्रिकालदर्शी कहा जाए तो उचित है।

उपर्युक्त उदाहरण तो बाबा के जीवन-काल के हैं किंतु महासमाधि लेने के अनंतर भी बाबा निरंतर अपने दिव्य ज्ञान का प्रकाश विकीर्ण करते रहते हैं। सृष्टि में कहीं भी कुछ भी हो रहा हो, वह उनसे छुपा नहीं रहता। उनके भक्त उनकी समुद्र पार से भी प्रार्थना करें तो भी उसे वे सुन लेते हैं। अतः इस सम्बन्ध में अधिक कहने की आवश्यकता नहीं है। पीछे दिए गए विभिन्न

अनुभवों से भली-भाँति स्पष्ट है कि बाबा सर्वज्ञ हैं। वे सब कुछ जानते हैं। उनके ज्ञान की कोई सीमा नहीं है।

(2) **सर्वव्यापकता**—सर्वव्यापक का अर्थ है कि जो सभी स्थानों में और सभी कालों में विद्यमान रहे। बाबा अपने जीवन-काल में शिरडी में रहते थे। किंतु समय-समय पर दूर-दूर अपने भक्तों के समीप भी किसी न किसी रूप में पहुँचते रहते थे। इस बात के अनेक उदाहरण भक्तों के संस्मरणों में उपलब्ध है। महासमाधि लेने के अनंतर तो उनकी सर्वव्यापकता और भी अधिक व्यापक हो गई। वे विभिन्न भक्तों को विभिन्न अवसरों पर उपस्थित होकर अपने प्रत्यक्ष या अप्रत्यक्ष दर्शनों से लाभान्वित करते रहते हैं। पठानकोट के एक सज्जन जब शिरडी गए हुए थे और वहाँ रहकर सात दिन का पारायण कर रहे थे और वहाँ से पूर्णतया स्वस्थ होकर लौटने वाले थे तो उसी दिन बाबा उनके घर पठानकोट पहुँचे और वहाँ घर वालों से यह बताकर कि "मैं शिरडी का एक ब्राह्मण हूँ," भोजन प्राप्त किया और उन्हें आशीर्वाद दिया। इसी प्रकार एक भक्त की लड़की जब विदेश यात्रा के लिए जा रही थी तो वह इस बात से दुःखी थी कि वह अकेली जा रही है। वहाँ भी बाबा एक महिला के रूप में पहुँच गए और उसकी सहायता की। किसी भक्त की नौकरी छूट जाती है और वह भूखों मरने की स्थिति में पहुँच जाता है तो बाबा लगभग दो महीने तक नियमित रूप से वृद्ध व्यक्ति के रूप में उसके पास भोजन लेकर जाते रहते हैं। एक महिला भक्त इस बात से दुःखी है कि वह शिरडी जाने वाली है किंतु उसके बच्चे के पास स्वेटर नहीं है वह स्वेटर के लिए ऊन प्राप्त करने की चिंता में डूबी हुई है। वह बाबा से प्रार्थना करती है और ठीक उसी समय बाबा ऊन लेकर उसके पास पहुँच जाते हैं। इस प्रकार हम देखते हैं कि बाबा के लिए कहीं भी शरीर धारण करके पहुँच जाना या किसी भी रूप में पहुँच जाना असंभव नहीं है। वे प्रत्येक क्षण और प्रत्येक स्थान पर अप्रत्यक्ष रूप में तो अपने भक्तों को देखते रहते हैं। किंतु आवश्यकता पड़ने पर उनके समक्ष प्रत्यक्ष रूप में भी उपस्थित हो जाते हैं। भगवान के लिए यही कहा जाता है कि वे सर्वत्र विद्यमान हैं, बाबा पर भी ये बात पूर्णतः लागू होती है।

(3) **सर्वशक्तिमता**—सर्वशक्तिमता का अर्थ है कि सर्वशक्तिमान। मनुष्य और भगवान में सबसे बड़ा अंतर इसी बात का है। मनुष्य की शक्तियाँ सीमित होती हैं जबकि भगवान की शक्तियाँ असीम होती हैं। वैसे मनुष्य और भगवान को एक ही माना जाता है किंतु यह एकता वैसी ही है जैसे कि चिंगारी और आग में होती है। भौतिक दृष्टि से आग और चिंगारी में कोई अंतर नहीं है किंतु फिर भी दोनों की शक्तियों में अत्यधिक अंतर है जिसके कारण उनका गुण भी बदल जाता है। हवा से चिंगारी बुझ जाती है जबकि आग और भी अधिक फैल जाती है। वस्तुतः यही अंतर मनुष्य और भगवान का है।

बाबा की शक्तियाँ असीमित हैं। अपने जीवन-काल में वे भक्तों की प्रत्येक बीमारी और उनके कष्टों का निराकरण करते रहे। कई बार ऐसा भी हुआ है कि भक्त मीलों दूर किसी ताँगा या कार में यात्रा कर रहा है और एकाएक दुर्घटना हो जाती है। बाबा उसकी शिरडी में बैठे हुए भी रक्षा कर देते हैं। किसी भक्त को शिरडी से बहुत दूर अर्द्धरात्रि में ताँगे की आवश्यकता पड़ती है तो बाबा तुरंत ताँगा भेज देते हैं। अपने भक्तों को संकट से उबारने के लिए छोटे से छोटे और बड़े से बड़े कार्य करने में विलम्ब नहीं करते। भक्तों की गंगा स्नान की इच्छा पूरी करने के लिए वे अपने चरणों से गंगा प्रकट कर सकते हैं। इस बात के उदाहरण भी उपलब्ध हैं। अपने जीवन-काल में तो बाबा सभी प्रकार के कार्य सम्पन्न करते थे जिससे उनकी शक्तिमता का परिचय मिलता है। किंतु भौतिक शरीर त्यागने के बाद तो इस दृष्टि से उनका कार्य-क्षेत्र और भी व्यापक हो गया। साईं लीला में प्रकाशित विभिन्न अनुभवों से यह स्पष्ट है कि बाबा के लिए अपने भक्तों की सहायता के लिए कोई भी कार्य सम्पन्न करना कठिन नहीं है। वह कार्य चाहे विद्यार्थियों की परीक्षा में सफलता से सम्बन्धित हो या किसी भक्त की नौकरी से सम्बन्धित हो अथवा उसके ट्रांसफर और पदोन्नति की बात हो या किसी प्रकार की बीमारी हों, रोग हो या कष्ट हो। बाबा कुछ क्षणों में ही दूर कर सकते हैं। आवश्यकता पड़ने पर बाबा सशरीर या किसी अन्य रूप में प्रकट होकर भी उसे चमत्कृत कर सकते हैं। कई बार बाबा ऐसी लीला दिखाते हैं कि वे एक नई दुनिया भी बसा देते हैं। वस्तुतः बाबा की लीलाओं की गणना करना संभव नहीं है।

अतः यहाँ संक्षेप में इतना ही कहना पर्याप्त है कि वे सब कुछ करने में समर्थ हैं।

अंत में हम यह कहना चाहेंगे कि भगवान को जानने, पहचानने और समझने के लिए केवल बुद्धि या तर्क से काम नहीं चलता। ऊपर हमने जो कुछ लिखा है या कहा है वह मनुष्य की बुद्धि को समझाने के लिए लिखा है। किंतु यदि हम आशा करें कि इसी से हमें भगवान के दिव्य स्वरूप का बोध हो जायेगा तो यह अनुचित है। बुद्धि को केवल हम समझा सकते हैं किंतु उसके अनंतर जब तक भगवान के व्यापक स्वरूप की अनुभूति हमारे हृदय की गहराई तक नहीं पहुँचेंगी तब तक हमें उनके दिव्य स्वरूप का बोध नहीं हो सकता। इसके लिए भगवान की लीलाओं का अध्ययन और मनन अपेक्षित है और इसके साथ ही सबसे बड़ी आवश्यकता है भगवान से प्रार्थना करने की। भगवान के दिव्य स्वरूप का बोध हमें अंततः भगवान की कृपा से ही हो सकता है। उसके बिना असंभव है। सचमुच में हम भगवान के स्वरूप को समझना चाहते हैं तो उसी से हमें प्रार्थना करनी चाहिए।